DÉCOUVERTE DE L'ESSAI

DÉCOUVERTE DE L'ESSAI

Sarah Lawall

University of Massachusetts, Amherst

Christian Garaud

University of Massachusetts, Amherst

Mireille Azibert

Vassar College

HARCOURT BRACE JOVANOVICH, INC.

New York   Chicago   San Francisco   Atlanta

Copyrights and acknowledgments

GEORGES BORCHARDT, INC.   For "Sur les degrés de certitude scientifique de l'idée d'évolution" from *Science et Christ* by Pierre Teilhard de Chardin, pp. 243 to 249 in his *Œuvres*, volume IX; and for "Le Noir et le langage," chapter 1 of *Peau noire, masques blancs* by Frantz Fanon.

EDITIONS GALLIMARD   For "L'Avenir de l'Europe" by André Gide, from his *Œuvres Complètes*, volume XI; for "La Crise de l'esprit" by Paul Valéry, from his *Œuvres*, Pléiade collection; and for "La Démocratie, exercice de la modestie" by Albert Camus, from his *Œuvres*, Pléiade collection. All selections © Editions Gallimard, tous droits réservés.

ISBN: 0-15-517285-9

Library of Congress Catalog Card Number: 74-10170

Printed in the United States of America

Préface

Bien qu'il existe en français de nombreux livres ayant pour but d'initier les étudiants à l'analyse d'un poème, d'un roman ou d'une pièce de théâtre, nous n'en connaissons aucun qui soit exclusivement consacré à l'étude de l'essai. Pour combler cette lacune, nous avons été amenés à choisir, pour nos cours d'introduction à la littérature, une dizaine d'essais pour lesquels nous avons préparé des notes et des questions. Nous rassemblons ici ces textes, unis par un lien thématique, et nous suggérons une méthode d'analyse simple et précise qui, nous l'espérons, permettra à l'étudiant d'apprécier l'essai en tant que genre.

On trouvera dans l'introduction quelques principes généraux d'analyse littéraire applicables à l'essai. Puis un guide, présenté sous forme de questions groupées, montre à l'étudiant comment appliquer ces principes à l'étude des textes. Chaque essai est précédé par une introduction et accompagné de notes et de questions qui en faciliteront la lecture. L'étudiant pourra se faire une idée du genre d'analyse auquel préparent nos questions en lisant le commentaire qui suit l'essai de Camus sur la démocratie : comme notre analyse est donnée à titre d'exemple, nous avons placé cet essai au début du volume.

L'Homme et la Société : tel est le thème commun à tous ces essais. Nous avons voulu éviter que l'attention de l'étudiant ne se disperse sur des sujets très divers. Il nous a paru également souhaitable d'encourager ainsi les rapprochements thématiques et stylistiques entre les différents textes. Ces essais sont présentés dans l'ordre chronologique à l'intention des professeurs qui désirent suivre le développement historique d'un thème. Cela ne veut évidemment pas dire que nous croyons à un « progrès » de l'essai ! Chacun des textes que nous proposons nous paraît au contraire constituer un excellent exemple d'un certain type d'essai. Il y a donc bien des façons d'utiliser ce livre. On peut par exemple tenir compte de la difficulté des textes, et commencer par les essais relativement simples de Zola, de Pascal et de Jarry, pour finir par ceux de Montaigne et de Fanon, dont le style est plus complexe. A chaque professeur de choisir la méthode de lecture qui lui paraîtra la mieux adaptée à sa conception de l'enseignement et aux besoins de ses étudiants.

S. L.
C. G.
M. A.

Table des matières

Préface v
Introduction to the essay ix
Guide pour l'analyse de l'essai xv

Démonstration

Camus 3
La Démocratie, exercice de la modestie 5

Essais

Montaigne 19
Des Cannibales 23

Pascal 53
Divertissement 55

Diderot 65
Entretien d'un philosophe
avec Madame la maréchale de ··· 67

Tocqueville 93
Les Tribus indiennes 95

Zola 129
Le Syndicat 133

Jarry 147
Cynégétique de l'omnibus 151

Valéry 157
La Crise de l'esprit 159

Gide 173
L'Avenir de l'Europe 175

Fanon 195
Le Noir et le langage 199

Teilhard de Chardin 239
Sur les degrés de certitude scientifique
de l'idée d'évolution 241

Introduction to the essay

I

Most of the time we read newspaper articles, novels, advertisements, letters, or poems without thinking about what separates these different kinds of texts. We pass from one form to another without difficulty because we are used to it, and because we are secretly convinced that it is easy to distinguish between "literature" and "nonliterature": to differentiate novels and poems, for example, from newspapers, advertisements, and letters. Certainly our intuition is not mistaken: there are obvious differences between these various kinds of texts. The trouble comes when we begin to think that these differences are easy to describe: in fact, they are very difficult to analyze. It is impossible to separate literary from nonliterary language in any clear or consistent fashion. Even specialists in linguistic and literary theory do not agree on a method for distinguishing whatever it is that makes a text "literary." This difficulty may well be at its most acute in identifying the literary essay, for essays are frequently distinguished from novels, plays, or poems precisely because they appear to be blocks of prose with a direct, unambiguous message— just like a nonliterary article, circular, or letter. We begin our study of the literary essay, therefore, by presenting the basic problems as simply as possible, hoping that these general reflections will lead to a greater understanding of what an essay is, and why essays can be considered literary texts.

In our everyday use of language, we expect to be understood with little or no difficulty. We overlook that hidden but all-important factor in making communication possible: a shared background of common experience. When speaking, we can "talk out" areas of misunderstanding; in writing, we rely on a common background of readily available information. Writer and reader in contemporary society share the same *context of communication*. As newspaper readers we are not ignorant of recent history, and we recognize familiar names and modern problems. Every time we read an article or a letter we are taking advantage of a whole series of references in everyday life to help us interpret the text. These references are not so easily available for a literary text, but their scarcity is more than compensated by a structure of internal references that builds up an added, new, and "esthetic" context. In short, the literary text depends much less on *exterior* reality for its total meaning and much more on the inter-relationships of references *inside* the work. Events, characters, and ideas tend to have their own existence, even if they also refer to a historical reality in the past or present. In literature, then, real life has not been lost, but it has been absorbed into the realm of *fiction*, and the main context a reader uses now is created by the structural relationships of the work itself.

Another distinctive characteristic of the literary text is the importance attached to *words* by both writer and reader. Everyday speech uses language primarily as an instrument of communication. When we read technical or scientific works, we expect the language to be "transparent" in a certain sense: the author as scientist uses words not to achieve beauty or symmetry, but to convey a certain pre-determined meaning. Conversely, the literary author never loses sight of the words themselves: their appearance on the page, their sounds, their arrangement in the phrase, their relations with other words present (or absent) in the text, the images they evoke more or less directly—all are important in the interpretation of a literary text. The attention the author pays to words forces the reader to modify his own casual attitude towards language, to be sensitive to the presence of words used for themselves, and to recognize their complex role in forming and communicating meaning: the reader must become aware of *style*.

This distinction between literary and nonliterary language is necessarily general, and useful mainly to focus attention on the fact that a literary text has its own highly structured internal systems. Different genres—even different texts—make use of style and fiction to varying degrees. Generally speaking, a poem emphasizes the qualities of words seen for themselves; a novel or play evokes an imaginary world where characters and events seem to possess a life of their own. But a poem also contains fiction, and style is an important part of a novel or play. Style and fiction are probably hardest to distinguish in an essay, which seems to speak to us directly from "real life." And yet style and fiction are present there too. When they seem to be completely absent (as in a scientific treatise), the essay is not said to be literary.

A literary essay is, in effect, a kind of fiction: its author uses his creative imagination to set forth ideas that evolve, conflict, and resolve their differences (much like characters in a novel). A scientific or philosophical treatise cannot be described in the same way, or at least not insofar as it remains scientific. A report in microbiology, for example, is not free to develop as it will but must use a preestablished terminology and remain consistent with agreed-upon scientific method. This is not to say that there cannot be a literary essay on a scientific topic, or that a scientist in reporting his work cannot produce an essay with literary qualities; but the realm of achievement is different in both cases. Unlike the scientist, an essayist freely chooses the rules, laws, and terminology he wishes to use. Instead of being bound by a predetermined method, he can avoid all methods except perhaps that of being coherent (and even this coherence may not be obvious on first reading). He also usually uses a familiar and ordinary vocabulary, and not a series of specially defined terms. We do not wish to set up a series of artificial oppositions, however: in the selections that follow, there is an essay by the scientist Teilhard de Chardin that does indeed use a specialist's vocabulary. What seems essential is that the essayist uses style and fiction to operate in a special creative domain—the area of speculation and possibilities. He presents not just facts but ideas, and weaves facts and ideas together in a pattern bearing the stamp of his own curiosity and creative imagination.

II

The term *essay* has been used since Montaigne to describe a personal meditation on a loosely defined subject where the development of the author's thought is more important than his apparent topic. The essay has also been called a text without a subject, indicating once again that the real subject consists in the development of an author's thought. Frequently what seems incidental to the essay is its real topic: the significance of Montaigne's "Des Cannibales" lies not in a study of cannibals but rather in the literary style that lets us see the author's mind at work upon the puzzling nature of human behavior. The essay reader must therefore be alert for two stylistic qualities that go beyond whatever the stated title or topic may be: the author's voice (the tone or style which indicates that an individual point of view is being developed), and the unity of composition that gives the essay esthetic and intellectual independence. Though an essay can contain complex ideas and even be written in dialogue form, it nonetheless develops a single point of view; although it can be a chapter in a book, it should stand by itself and not be dependent on the whole book for its meaning. Each essay will differ in the degree to which the author's presence is felt and in the effective unity of the text.

The way an author reveals himself in an essay is not as simple as it may seem, for he does not always speak in the first person and use the *je*. In the most impersonal-seeming essay, nonetheless, there is the sense of a single personality developing an argument that is aimed at a single person: the reader. This implied dialogue between author and reader can also appear in novels, plays, or poetry, but it is the basic reading relationship of the essay. It is a dialogue between equals: the author does not lecture or sermonize, but tries to persuade the reader to accept, however momentarily, his point of view. And although the essayist may believe firmly in the point of view he expresses, he does not pretend to exhaust the subject at hand. Paradoxically enough, this genre that appears to discuss one stated topic objectively and fully achieves its true richness by showing the workings of an individual mind as it comes to grips with problems often beyond this stated topic. The essay form is neither exhaustive nor simplistic, then; its complexity refers to the author's mind at work rather than necessarily to his apparent subject, and it attempts to persuade the reader by establishing a dialogue relationship where he is free to agree or disagree on the basis of the evidence presented—but where he is also subtly influenced by the essayist's style.

The author, in attempting to persuade his reader, creates a set piece for the effect he wishes to produce. His argument is unified by the need to persuade the reader of a certain idea, and both evidence and persuasive rhetoric work towards this end. Essays can be long or short; from a few pages to full book-length studies such as Bergon's *Essai sur les données immédiates de la conscience*. The examples given here are necessarily shorter essays, although titles suggested at the end indicate longer texts for which the same techniques of reading apply. There is a wide variety of techniques that come into the essay form, a form that is often mixed with other genres because it can range from prose to verse, from expository to dramatic form. Some essays exist wholly in the form of a dialogue: Diderot's "Entretien" is a conversation between the author and his hostess. Conversations or dialogue in an essay suggest borrowings from dramatic form. Sometimes the essayist uses anecdotes to launch a train of thought or to illustrate his ideas. Montaigne often proceeds in this fashion; and the use of stories and anecdotes suggests the novel form. At other times, the essayist systematically exploits the sonorous and rhythmical qualities of language and creates patterns of images to illustrate and enrich his argument: such is the case with Valéry in "La Crise de l'esprit." A reader should recognize when (and *why*) the author is borrowing from other genres, just as he recognizes the development of the argument itself or the use of a first-person narrative form: all are tactics used by the essayist to establish a central effect.

There is no quick and easy formula for analyzing the essay, any more than for other genres. There are, however, many questions that we can ask of any essay in order to read it with greater clarity and understanding. A writer becomes an essayist because he has "la hantise d'un *savoir*," suggests a contemporary critic: he is obsessed by wanting to *know*, and explores certain ideas to *know more* about a given topic and all its implications. Here we see Montaigne, mulling over popular prejudices about the cannibals; or Tocqueville, analyzing the attitude of whites about Indians; or Camus, reflecting upon democracy. The first thing to do in reading an essay, then, is to identify the apparent theme (progress, evolution, injustice, etc.) and then to observe how the author's obsession with *knowing* is revealed in the development of his thought. How does he show his attitude towards the subject? Is he passionate, like Pascal, indignant, like Zola, or mock-serious, like Jarry? How does he develop and organize his thoughts to encompass the subject from many sides? As he writes, does he define or enrich his original perspective? Does he like digressions and anecdotes like Montaigne, or does he avoid them, like Camus? Does his text acquire coherence more from the rigor of his argument, as with Tocqueville and Fanon, from the repetition of certain ideas, as with Pascal, or from the presence throughout the essay of a single tone and a single concern, as with Montaigne? What kind of understanding does he gain in the end; does it proceed from his original topic or does it evolve on a different level as his ideas develop? What sorts of ideas are presented? The hypotheses of Teilhard the scientist or Tocqueville the historian are far removed from those of Pascal the Christian apologist or Jarry the humorist. Does the author seem present or absent? What relationship does he establish between himself and the reader? Does the author demonstrate (like Tocqueville), persuade (like Pascal), or amuse (like Jarry)?

We have no intention of setting up a series of artificial and clearly inadequate classifications or of suggesting that the reader should immediately proceed to label both text and author according to certain magic categories. We would like, however, to suggest a number of simple yet detailed questions to help the essay reader perceive those qualities of style and organization without which an essay cannot be properly understood on any level. The questions that follow are all based, therefore, on the premise that reading an essay requires a constant awareness of *how* something is said as well as *what* is said. In this way, the essay emerges as one of the great genres of literature and of human expression in general.

Guide pour l'analyse de l'essai

LECTURE

Lisez attentivement *tout le texte* avant de commencer l'analyse.

SITUATION

Il faut d'abord *situer* le texte. Qui l'a écrit ? Quand ? Pour qui ? Sous quelle forme a-t-il paru ? Est-ce un chapitre d'un livre ? Un discours ? Un article de journal ? Ces renseignements sont nécessaires, mais ils doivent être donnés aussi brièvement que possible.

SUJET

Un essai a un *sujet* : on y présente et on y développe des idées. D'autre part, la nature des idées présentées, de même que la manière dont ces idées sont développées, sont étroitement liées à *une situation historique* dont il faut tenir compte.

Quel est le thème principal ? Est-il présent dans le titre ? Est-il évident dès le commencement ou apparaît-il progressivement au cours de l'essai ? Comment le thème est-il développé ? Tenez compte des divisions du texte en parties. Les idées se suivent-elles selon un ordre logique ? Y a-t-il des digressions ? des anecdotes ? Y a-t-il une série d'images qui présentent et illustrent le thème principal ? Y a-t-il une progression dans le texte ? Comparez le début et la fin de l'essai : quel chemin l'auteur nous a-t-il fait parcourir ? Répond-il à une question qu'il a posée au commencement de l'essai ? Pose-t-il une nouvelle question suggérée par le développement de ses idées ?

De quelle situation historique est-il question dans cet essai ? L'auteur parle-t-il de certains événements qui se sont passés de son temps ? Trouve-t-on dans le texte des références à un certain état de la société ? Y a-t-il des allusions à la vie politique ? religieuse ? économique ? aux classes sociales ? aux problèmes qui se posent au moment où écrit l'auteur ? Quel est le rôle joué par ce contexte historique dans la structure de l'essai ?

AUTEUR

Dans un essai, *un auteur*, plus ou moins présent, s'adresse, d'une manière plus ou moins évidente, à un *public*.

La présence de l'auteur se fait-elle sentir ? Prend-il parti pour ou contre certaines idées ? Donne-t-il l'impression de vouloir se cacher derrière un personnage qui lui sert de porte-parole ? Quels mots ou quelles images paraissent révéler l'attitude de l'auteur ? Etes-vous sensible au ton suggéré par le rythme des mots ? par des phrases exclamatives ou interrogatives ? Peut-on savoir avec certitude ce que l'auteur pense ?

L'auteur vise-t-il un certain type de lecteur ? D'après quels indices peut-on se représenter le lecteur auquel l'auteur s'adresse ? Ce lecteur semble-t-il avoir des préjugés qui rendent plus difficile la tâche de l'essayiste ? De quelle manière l'auteur paraît-il essayer d'atteindre son lecteur ? Pouvez-vous reconnaître certains procédés ? L'auteur apostrophe-t-il son lecteur ? Dialogue-t-il avec lui ? Veut-il le convaincre par la logique ? le persuader par la sympathie ? la bonne humeur ? Veut-il l'impressionner par la violence ?

Ceux qui s'intéressent à la définition de l'essai littéraire pourront consulter les ouvrages suivants :

Choix d'essais du vingtième siècle, ed. Germaine Brée et Philip Solomon (Waltham, 1969)
Elements of the Essay, par Robert Scholes et Carl H. Klaus (New York, 1969)
L'Essai, numéro spécial d'*Etudes littéraires* (vol. 5, no. 1, avril 1972)

Nous offrons de plus une courte liste supplémentaire d'essais qui possèdent un intérêt durable :

Montaigne: *De la vanité*

Descartes: *Discours de la méthode*

Corneille: les trois *Discours*

Saint-Evremond: *Conversation du Maréchal d'Hocquincourt avec le Père Canoye*

Bayle: *Pensée sur la comète*

Fontenelle: *Digression sur les anciens et les modernes*

Montesquieu: *Considérations sur les causes de la grandeur des Romains et de leur décadence*

Rousseau: *Discours sur les origines de l'inégalité*

Voltaire: *Poème sur le désastre de Lisbonne*

Diderot: *Paradoxe sur le comédien*

Mme de Staël: *De l'Allemagne*

Hugo: *De l'avenir*

Stendhal: *De l'amour*

Sainte-Beuve: *Port-Royal*

Gautier: "Préface" de *Mlle de Maupin*

Baudelaire: *De l'essence du rire*

Mallarmé: *Crise de vers*

Breton: *Premier Manifeste du surréalisme*

Sartre: *L'Existentialisme est un humanisme*

Camus: *L'Artiste et son temps*

Barthes: *Le Vin et le lait* (dans *Mythologies*)

Blanchot: *Le Chant des sirènes* (dans *Le Livre à venir*)

Bonnefoy: *L'Acte et le lieu de la poésie* (dans *L'Improbable*)

Sarraute: *L'Ere du soupçon*

Démonstration

Albert Camus

(1913-1960)

romancier

dramaturge

essayiste

journaliste

Peu d'écrivains français du XXème siècle sont aussi connus qu'Albert Camus. L'Etranger (1942) et La Peste (1947) sont des romans très lus dans les lycées. Mais Camus n'était pas seulement un romancier : il a publié dans les journaux de nombreux articles où il analysait les problèmes politiques et idéologiques de son temps et où il prenait lui-même position. C'est ce qu'il a fait dans l'essai suivant, publié en 1948 dans le journal Caliban.

A cette époque, la deuxième guerre mondiale vient de se terminer. Aux hommes qui ont connu cinq ans d'occupation et qui ont rêvé à ce que devait devenir la France libérée, il semble que le jeu politique est complètement transformé et que l'on va enfin assister à l'avènement d'une véritable démocratie. Tous les espoirs sont permis : la liberté et la justice deviendront des réalités. En 1948, la désillusion a commencé. Les forces de droite ne veulent pas d'une profonde transformation politique et sociale. Quant aux communistes, ils ne songent qu'à renverser le capitalisme, convaincus que là est le commencement de la solution à tous les problèmes. Dans son essai sur la démocratie, Camus donne les raisons de son opposition aux uns comme aux autres.

Il le fait dans un langage simple, familier même, dont la logique et le ton donnent d'abord l'impression d'un certain détachement. Mais le ton s'anime, la logique devient éloquence. Camus oppose clairement par une série de contrastes une attitude humaniste, qui ne perd jamais de vue que la démocratie doit servir l'homme, à toute politique que ses partis pris idéologiques aveuglent, et qui en vient à justifier l'oppression et l'injustice. On trouve aussi dans ce texte un souci de ne pas simplifier outre mesure le problème, comme le font ceux-là même à qui Camus s'en prend. L'auteur dialogue avec lui-même ; il prévoit les objections qu'on peut lui faire ; il s'efforce d'y répondre. Mais une confiance inébranlable en un idéal politique et social mêle à une certaine humilité de l'écrivain qui fait simplement son métier la fierté de l'individu qui défend ses convictions et qui lutte pour la réalisation de cet idéal.

Il sera intéressant de comparer cet essai à celui de Zola (« Le Syndicat »). Ces deux textes sont des articles de journaux et, sur le plan des thèmes comme sur celui de la forme, contrastes et similarités ne manqueront pas d'apparaître.

1 / Pourquoi Camus situe-t-il « naturellement » ses réflexions sur la démocratie dans le métro ?

2 / L'auteur estime que le démocrate doit être modeste : quels mots dans ce passage indiquent sa propre modestie ?

3 / L'auteur annonce le sujet précis de l'essai : il s'agit d'une définition de la démocratie.

4 / Notez le style bref et frappant de cette phrase : un style de conversation, fréquemment utilisé dans les journaux.

5 / Notez le vocabulaire abstrait : Camus essaie de donner une définition qui servira de base pour sa discussion du *réactionnaire* (l'anti-démocrate).

La Démocratie, exercice de la modestie

Quelquefois je réfléchis, faute de mieux, à la démocratie (dans le métro, naturellement).[1] On sait qu'il y a du désarroi,° dans les esprits, en ce qui concerne cette utile notion. Et comme j'aime à me retrouver avec le plus
5   grand nombre d'hommes possible, je cherche les définitions qui pour·aient être acceptables pour ce grand nombre. Ce n'est pas facile et je ne me flatte pas d'y avoir réussi. Mais il me semble qu'on peut arriver à quelques approximations utiles.[2] Pour être bref, voici
10 l'une d'entre elles : la démocratie, c'est l'exercice social et politique de la modestie.[3] Reste à l'expliquer.[4]
   Je connais deux sortes de raisonnements réactionnaires. (Comme il faut tout préciser, convenons que nous appellerons réactionnaire toute attitude qui vise à
15 accroître° indéfiniment les servitudes° politiques et économiques qui pèsent sur les hommes.[5]) Ces deux raisonnements vont en sens contraire, mais ils ont pour caractère commun d'exprimer une certitude absolue. Le premier consiste à dire : « On ne changera jamais rien
20 aux hommes ». Conclusion : les guerres sont inévitables,

confusion

aims to increase / slavery

6 / A la fin de *Candide*, satire sociale écrite par Voltaire en 1759, le héros se propose de s'occuper exclusivement de ses propres affaires : il reste chez soi pour « cultiver son jardin ». Aujourd'hui, suggère Camus, cette attitude prudente est surtout adoptée par les riches, qui cherchent à garder leurs parcs (lisons, *estates*).

7 / Le second réactionnaire prétend connaître le « facteur » et la « façon d'agir » qui sont nécessaires pour créer une meilleure société. Pouvez-vous citer un exemple d'un tel *facteur* ou d'une telle *façon* ?

8 / Les « raisonnements réactionnaires » sont-ils très répandus ? Comment la « certitude absolue » du réactionnaire arrive-t-elle logiquement à l'oppression des autres ?

9 / Les deux raisonnements tendent à réduire le fonctionnement de la société humaine à un mécanisme, un mécanisme qui ignore la douleur humaine.

10 / Dans un même paragraphe, Camus emploie trois tons différents : le premier objectif, le deuxième ironique, et le troisième passionné. Quels mots et quelles expressions montrent ces divers tons de l'auteur ?

11 / Philosophe mystique (1909–1943) ; juive, elle est chrétienne par conviction mais refuse le baptême pendant le génocide hitlérien des juifs. Simone Weil meurt en Angleterre après avoir échappé à la police nazie.

12 / Camus répète son refus d'accepter les deux raisonnements réactionnaires. Quelle nouvelle étape du raisonnement s'annonce ici ? Le ton a-t-il changé ?

la servitude sociale est dans la nature des choses, laissons les fusilleurs fusiller et cultivons notre jardin (à vrai dire, il s'agit généralement d'un parc).[6] L'autre consiste à dire : « On peut changer les hommes. Mais leur libération dépend de tel facteur°[7] et il faut agir de telle façon *such and such a factor* pour leur faire du bien ». Conclusion : il est logique d'opprimer : 1° ceux qui pensent qu'il n'y a pas de changement possible ; 2° ceux qui ne sont pas d'accord sur le facteur ; 3° ceux qui, tout en étant d'accord sur le facteur, ne le sont point sur les moyens destinés à modifier le facteur ; 4° tous ceux, en général, qui pensent que les choses ne sont pas aussi simples.

Au total, les trois quarts des hommes.[8]

Dans les deux cas, nous nous trouvons devant une simplification obstinée du problème. Dans les deux cas, on introduit dans le problème social une fixité ou un déterminisme absolu qui ne peuvent raisonnablement s'y trouver.[9] Dans les deux cas, on se sent assez de conviction pour faire ou laisser faire l'histoire, selon ces principes, et pour justifier ou aggraver la douleur humaine. Ces esprits, si différents, mais dont la conviction résiste également au malheur des autres, je veux bien qu'on les admire.° Mais il faut du moins les appeler *It's all right with me if* par leur nom et dire ce qu'ils sont et ce qu'ils ne sont pas *you admire them* capables de faire. Je dis, pour ma part, que ce sont des esprits d'orgueil et qu'ils peuvent arriver à tout, sauf à la libération humaine et à une démocratie réelle.[10] Il y a un mot que Simone Weil[11] a eu le courage d'écrire et que, par sa vie et par sa mort, elle avait le droit d'écrire : *Alexander the Great* « Qui peut admirer Alexandre° de toute son âme, s'il *(356–323 B.C.)* n'a l'âme basse ? »° Oui, qui peut mettre en balance les *contemptible soul* plus grandes conquêtes de la raison ou de la force, et les immenses souffrances qu'elles représentent, s'il n'a un cœur aveugle à la plus simple sympathie et un esprit détourné de toute justice !° *far removed from any sense of justice*

C'est pourquoi il me semble que la démocratie, qu'elle soit sociale ou politique, ne peut se fonder sur une philosophie politique qui prétend tout savoir et tout régler, pas plus qu'elle n'a pu se fonder jusqu'ici sur une morale de conservation absolue.°[12] La démocratie n'est *status quo*

13 / Donnez un exemple historique « d'une théorie ou d'un messianisme aveugle » qui opprime les hommes. Camus écrit en 1948 : à quoi peut-il penser ?

14 / Comment ces trois phrases répètent-elles la structure du raisonnement ?

15 / Camus pense surtout ici au parti communiste qui était puissant à l'époque parmi les syndicats. Il lui reproche d'imposer des décisions aux syndiqués sans consulter ces derniers suffisamment. Quelle attitude est commune aux deux types de réactionnaires ?

16 / C'est-à-dire, les personnes.

pas le meilleur des régimes. Elle en est le moins mauvais. Nous avons goûté un peu de tous les régimes et nous savons maintenant cela. Mais ce régime ne peut être conçu, créé et soutenu que par des hommes qui savent
5 qu'ils ne savent pas tout, qui refusent d'accepter la condition prolétarienne et qui ne s'accommoderont jamais de° la misère des autres, mais qui justement refusent *will never adapt themselves to* d'aggraver cette misère au nom d'une théorie ou d'un messianisme aveugle.[13]

10   Le réactionnaire d'ancien régime prétendait° que la *claimed* raison ne réglerait rien. Le réactionnaire du nouveau régime pense que la raison réglera tout. Le vrai démocrate croit que la raison peut éclairer un grand nombre de problèmes et peut en régler presque autant.[14] Mais
15 il ne croit pas qu'elle règne, seule maîtresse, sur le monde entier. Le résultat est que le démocrate est modeste. Il avoue une certaine part d'ignorance, il reconnaît le caractère en partie aventureux de son effort et que tout ne lui est pas donné. Et, à partir de cet aveu,
20 il reconnaît qu'il a besoin de consulter les autres, de compléter ce qu'il sait par ce qu'ils savent. Il ne se reconnaît de droit que délégué par les autres et soumis à leur accord constant. Quelque décision° qu'il soit amené à *whatever decision* prendre, il admet que les autres, pour qui cette décision
25 a été prise, puissent en juger autrement et le lui signifier. Puisque les syndicats° sont faits pour défendre les *unions* prolétaires,° il sait que ce sont les syndiqués qui, par la *workers* confrontation de leurs opinions, ont la plus grande chance d'adopter la meilleure tactique.[15]

30   La démocratie vraie se réfère toujours à la base,° *i.e. to the people* parce qu'elle suppose qu'aucune vérité en cet ordre n'est absolue et que plusieurs expériences d'hommes, ajoutées l'une à l'autre, représentent une approximation de la vérité plus précieuse qu'une doctrine cohérente, mais
35 fausse. La démocratie ne défend pas une idée abstraite, ni une philosophie brillante, elle défend des démocrates,[16] ce qui suppose qu'elle leur demande de décider des moyens les plus propres à assurer leur défense.
    J'entends bien qu'une conception aussi prudente ne
40 va pas sans danger. J'entends bien que la majorité peut

17 / Comment Camus revient-il au ton de prudence qui caractérisait le commencement de l'essai ? Quelles raisons pouvez-vous donner pour l'emploi d'un ton prudent ? Quel est le rapport entre ce ton prudent et le titre de l'essai ?

18 / Décrivez les forces anti-démocratiques visées ici par Camus.

19 / Camus pense-t-il à son propre essai ? Expliquez.

20 / Camus était journaliste à l'époque. Pourquoi l'auteur parle-t-il de son métier ? Pourquoi finalement semble-t-il avoir écrit cet essai ?

Quel est le thème principal de l'essai entier ? Ce thème est-il indiqué par le titre ?

Quelles sont les divisons du texte ? Les idées sont-elles liées et développées de façon logique ? Y a-t-il des digressions ? L'auteur répond-il à la fin à une question posée au début de l'essai ?

Quelle est l'attitude de l'auteur ? Essaie-t-il de ne pas influencer votre jugement ? Essaie-t-il de vous forcer à partager sa manière de voir ? Quels mots, ou quelles phrases vous permettent de répondre à la question ?

se tromper au moment même où la minorité voit clair. C'est pourquoi je dis que la démocratie n'est pas le meilleur régime. Mais il faut mettre en balance les dangers de cette conception et ceux qui résultent d'une
5 philosophie politique qui fait tout plier. Expérience faite, il faut accepter une légère perte de vitesse plutôt que de se laisser emporter par un torrent furieux. Au reste, la même modestie suppose que la minorité peut se faire entendre et qu'il sera tenu compte de ses avis.
10 C'est pourquoi je dis que la démocratie est le moins mauvais des régimes.[17]

Tout n'est pas arrangé, à partir de là. C'est en cela que cette définition n'est pas définitive. Mais elle permet d'examiner sous un éclairage précis les problèmes qui
15 nous pressent et dont le principe touche à l'idée de révolution et à la notion de violence. Mais elle permet de refuser à l'argent comme à la police le droit d'appeler démocratie ce qui ne l'est pas.[18] Nous mangeons du mensonge à longueur de journée, grâce à une presse qui
20 est la honte de ce pays. Toute pensée, toute définition qui risque d'ajouter à ce mensonge ou de l'entretenir°   *maintain* est aujourd'hui impardonnable. C'est assez dire qu'en définissant un certain nombre de mots-clés,[19] en les rendant suffisamment clairs aujourd'hui pour qu'ils
25 soient demain efficaces, nous travaillons à la libération et nous faisons notre métier.[20]

Analyse

SITUATION

Ce texte intitulé *La Démocratie, exercice de la modestie*, a été écrit par Camus en 1948. C'est un article de journal qui a paru dans *Caliban*. Il vise donc un très large public, non pas celui qui lit des textes littéraires, mais plutôt celui qui cherche à se tenir au courant de l'actualité et qui lit les éditoriaux.

SUJET

Le thème principal de cet essai est indiqué par le titre que l'auteur lui a donné. Camus va parler de la démocratie, ou plutôt il va essayer de répondre à la question : qu'est-ce que la démocratie ? Le titre offre également en abrégé la réponse proposée par l'auteur. Il est écrit en style télégraphique (il n'y a pas de verbe après le mot *démocratie* ni d'article devant le mot *exercice*) et il pique la curiosité du lecteur. Cela ne doit pas trop nous étonner : ce titre est une manchette de journal (*headline*), brève et frappante.

Le texte, assez court, comporte quatre parties de longueur inégale. Le thème est développé de façon claire et logique. Camus commence par préciser ce qu'il entend par *attitude réactionnaire* : sûreté de soi, indifférence à la douleur humaine, ce qui lui permet de faire ressortir par contraste les qualités du démocrate : modestie, compassion. Le démocrate se sent ainsi obligé de conserver sa confiance en l'opinion du plus grand nombre. L'expérience des individus ne permet-elle pas de découvrir la vérité mieux qu'une doctrine ? Défendre l'idée de démocratie contre les menaces venant de la gauche (*l'idée de révolution, la notion de violence*) comme de la droite (*l'argent, la police*), c'est préparer la libération de l'homme.

Cette analyse met en relief l'unité logique de l'essai, unité renforcée par le fait que l'auteur ne se perd jamais en digressions. Le début du premier paragraphe a quelque chose d'anecdotique (le *métro*), mais le lien établi avec le *grand nombre* et la *démocratie* est tout de suite évident. La citation de S. Weil (p. 7, l. 30–31), à première vue, est une digression, puisqu'on pourrait supprimer ces quatre lignes sans que rien ne soit perdu pour le sens, mais elle contraste avec les phrases citées plus haut par l'auteur pour résumer les attitudes *réactionnaires* ; elle est pour Camus l'occasion de réaffirmer sa position, elle suggère qu'il ne se voit pas seul de son avis, qu'il se rattache à une famille d'esprits.

Si l'on compare le début et la fin de l'essai, on remarque une différence frappante. Alors qu'au commencement l'auteur semble hésiter à nous proposer sa définition de la démocratie, au terme de l'essai ses idées sont affirmées avec beaucoup de force. A vrai dire, dès le deuxième paragraphe, mots, idées et attitudes contrastent les uns avec les autres. Ce sont ces oppositions qui donnent au texte son mouvement. L'idée de démocratie se précise au contact de ce qu'elle n'est pas. C'est par rapport à son contraire qu'elle se définit. On voit ainsi progresser la pensée de l'auteur ; même lorsqu'il semble parler de la démocratie telle qu'elle doit être (dans la troisième partie), il continue à faire allusion aux dangers qu'elle doit éviter et qui sont justement ceux qu'il a signalés précédemment. Il est donc très important de noter que Camus *affirme* en conclusion alors qu'il ne fait que *proposer* dans son introduction. Il estime que les deux parties centrales de l'essai ont suffisamment précisé sa définition. La pensée n'est pas devenue dogmatique (*Tout n'est pas arrangé à partir de là* (p. 11, l. 12), mais plus sûre d'elle.

Il est difficile de replacer cet essai dans un contexte historique si l'on se contente de lire le texte. Le problème de la démocratie se pose en France depuis la Révolution (1789), celui de la justice sociale depuis toujours. A moins d'ouvrir son dictionnaire et de voir la date de la mort de l'écrivain Simone Weil, il est impossible de deviner que ce texte a été écrit après 1943. C'est plutôt grâce à un certain ton et à un certain vocabulaire que l'on peut établir un lien entre cet essai et l'époque à laquelle il a été écrit. Lorsque Camus parle dans le deuxième et le troisième paragraphes de *syndicats* et de *prolétaires*, nous pensons à Marx et à la lutte des classes. (Camus a d'ailleurs été membre du Parti Communiste pendant quelques mois en 1934–35, et bien qu'il ait rompu avec cette organisation, ses sympathies et son action politique ont toujours été « à gauche ».) Quant aux deux types de réactionnaires définis dans le deuxième paragraphe, il est facile de deviner qu'il s'agit respectivement de la grande bourgeoisie et des communistes.

AUTEUR

Dès le début de la première phrase, la présence de l'auteur se manifeste par l'emploi du pronom *je*. Ce pronom est utilisé d'ailleurs tout au long de l'essai, mais nous pouvons observer que la présence de l'auteur ne se fait pas sentir partout également. Celle-ci est très nette dans le premier paragraphe, non seulement parce que Camus dit *je*, mais parce qu'il ironise (*quelquefois, faute de mieux*, c'est *dans le métro*, c'est-à-dire au sein de la foule, qu'il pense *naturellement* à la démocratie, forme de gouvernement populaire). On dirait que l'auteur se moque de lui-même et de son sujet : ne venons-nous pas de lire le titre paradoxal qu'il a donné à son essai ? Dans le paragraphe suivant, une sorte de dialogue commence entre les *réactionnaires* cités par Camus (les raisonnements réactionnaires sont entre guillemets) et l'auteur qui tire immédiatement de ces phrases les conséquences implicites. On sent que ce dernier prend position. Sa définition du réactionnaire, aussi bien par les mots utilisés que par l'attitude exprimée, a des connotations marxistes. L'auteur devient moqueur, sarcastique, même. On peut sentir la même attitude dans la petite phrase mise en relief (p. 7, l. 13) : ces deux sortes de réactionnaires que nous pouvions croire n'être qu'une minorité représentent finalement une forte majorité. Mais dans le troisième paragraphe, les convictions s'affirment ; le ton devient sérieux et finalement passionné. Des expressions comme *simplification obstinée* (p. 7, l. 15), *esprits d'orgueil* (p. 7, l. 26), ou *esprit détourné de toute justice* (p. 7, l. 34), sont frappantes. L'effet produit est celui d'une certaine éloquence. Dans les quatre paragraphes suivants, contrastes et répétitions donnent à l'expression des idées un ton pressant surtout lorsque l'auteur tente de répondre à l'objection qu'il sent qu'on va lui faire. L'indignation réapparaît à la fin de l'essai (p. 11, l. 17–21). Et l'auteur se fait dans les dernières lignes plus insistant et plus catégorique que jamais : nous sommes loin de l'ironie détachée du début.

L'essai de Camus est donc loin d'être une froide et banale analyse politique. L'auteur s'adresse à un lecteur qu'il veut convaincre par la logique du raisonnement, mais aussi par l'expression directe de convictions personnelles. Quel lecteur ? Camus utilise la langue de tous les jours, les phrases sont simples, les idées claires : il semble écrire pour tout le monde. Il faut pourtant que ce lecteur soit assez cultivé pour comprendre l'ironie de la parenthèse (p. 7, l. 2–3), et le vocabulaire abstrait (p. 5, l. 13–16, p. 7, l. 15–18). Après s'être présenté d'abord dans quelques phrases détachées comme un amateur qui réfléchit de temps en temps à la démocratie (*faute de mieux*), l'auteur change d'attitude. Il invite le lecteur à ne pas être dupe : son ironie devient mordante lorsqu'il résume en une ou deux phrases brèves les opinions des réactionnaires. *Conclusion* (aux pages 5 et 7) est une façon moqueuse d'introduire les conséquences que les réactionnaires refusent de voir et que le lecteur aurait peut-être tendance à accepter trop facilement. Mais Camus ne se contente pas d'utiliser l'ironie pour essayer de nous convaincre. En exposant et en réfutant des idées qui lui paraissent fausses et dangereuses, l'auteur s'anime, et la volonté de persuader le lecteur par les sentiments aussi bien que par l'intelligence devient manifeste dans le troisième paragraphe. Dans les deux paragraphes suivants, il semble nous offrir un raisonnement qu'il nous laisse la liberté d'accepter ou de refuser. Prévoyant des objections, l'auteur semble commencer un dialogue avec son lecteur (*J'entends bien*, p. 9, l. 39). A la fin de l'essai, les efforts de l'auteur pour nous faire partager son opinion sont évidents : il veut nous communiquer son indignation. Et le texte se termine sur une sorte d'appel aux lecteurs pour que se crée une coopération active entre les hommes partageant son point de vue. Répétitions et contrastes de mots ou de groupes de mots, expressions familières et brutales, produisent ici leur effet maximum. Rétrospectivement, on ne peut s'empêcher de voir dans le début simple, familier, sans prétention de l'essai une attitude qui cadre avec la modestie du démocrate et qui sert le désir de convaincre. Au contraire, à la fin se manifestent un espoir et une volonté d'action (en faisant le métier de journaliste *démocrate*) auxquels nous ne pouvions pas nous attendre au commencement de notre lecture.

Essais

Michel Eyquem de Montaigne

(1533-1592)

magistrat

maire de Bordeaux

créateur du genre de l'essai

Montaigne naquit au château de Montaigne (aujourd'hui dans la commune de Saint-Michel de Montaigne, département de la Dordogne). Conseiller à la cour des aides de Périgueux, puis au parlement de Bordeaux, il fréquente la Cour, puis renonce à sa carrière de magistrat. A partir de 1572, il commence à fixer par écrit ses réflexions, ses notes de lectures. Ainsi se font les *Essais*, dont la première édition paraît en 1580. C'est Montaigne qui donna le nom d'*essai* à ses écrits, suggérant par là leur caractère provisoire, ou l'effort (l'essai) de pensée subjective par lequel l'auteur cherche à comprendre un sujet vu sous divers aspects. Jusqu'à sa mort, Montaigne ne cessera d'enrichir cet ouvrage, qui, dès 1588, comportera trois livres.

Il y a trois éditions principales des *Essais*, de 1580 à 1595. Ce sont deux de ses amis, Pierre de Brach et Mademoiselle de Gournay, qui établirent l'édition posthume de 1595, et c'est à partir de leur texte, dans lequel ils incorporèrent les dernières notes de Montaigne, que bon nombre d'éditions plus modernes ont été préparées. Ces dernières offrent donc un état « définitif » des *Essais* qui est parfois loin de correspondre à celui des éditions de 1580 (date de publication des deux premiers livres) et de 1588 (date de publication des trois livres augmentés). En fait, jusqu'à la mort de Montaigne, les *Essais* ont été remaniés et enrichis constamment par leur auteur. Montaigne est toujours en train de s'analyser avec plus de perspicacité et de profondeur. Il n'écrit pas de nouveaux essais pour remplacer les anciens, mais il ajoute, il raffine sur ses réflexions et approfondit sa pensée à travers plusieurs états du même texte. La superposition des niveaux de pensée à travers les trois éditions montre que la composition de l'essai ne consiste pas en une série de digressions arbitraires. Elle reflète, au contraire, une méditation de plus en plus approfondie sur un même sujet.

La langue de Montaigne a été modernisée, mais il y a dans le texte des mots qui ne s'emploient plus en français moderne. Les uns ont été traduits en marge, les autres, proches de ceux de la langue actuelle, seront faciles à reconnaître.

En lisant l'essai, tentez de découvrir le thème central que développe Montaigne. Le sujet est-il précisément celui que le titre annonce ? C'est en évaluant la distance qui sépare le thème central du sujet annoncé par le titre qu'on découvre le véritable essai contenu dans le chapitre « Des Cannibales »... et c'est peut-être ainsi que vous arriverez, également, à découvrir la véritable nature de l'essai.

Le nouveau monde.

(Une partie de la carte de Gérardum de Jode, 1578.)

1 / Cannibales : nom donné au XVIème siècle à des peuplades de la côte du Brésil. Comment Montaigne introduit-il la pensée principale de l'essai ? Quel rapport voyez-vous entre le titre et l'emploi du mot *barbare* dans le premier paragraphe ? Le mot est-il pris toujours dans le même sens ?

2 / Dans ce premier paragraphe, Montaigne nous donne deux anecdotes tirées de l'antiquité avant d'en tirer une conclusion générale. Ce commencement d'essai vous paraît-il biazarre ? Pouvez-vous vous faire une idée de la méthode que va employer l'essayiste ?

3 / Au Brésil, à l'embouchure du rio de Janeiro.

Des Cannibales

Quand le roi Pyrrhus passa en Italie, après qu'il eut reconnu l'ordonnance de l'armée que les Romains lui envoyaient au-devant : « Je ne sais, dit-il, quels barbares sont ceux-ci (car les Grecs appelaient ainsi toutes les
5 nations étrangères), mais la disposition de cette armée que je vois n'est aucunement° barbare. »[1] Autant en *not at all* dirent les Grecs de celle que Flaminius fit passer en leur pays, et Philippus, voyant d'un tertre° l'ordre *hill, mound* et distribution du camp romain en son royaume, sous
10 Publius Sulpicius Galba. Voilà comment il se faut garder de s'attacher aux opinions vulgaires, et les faut juger par la voie de la raison, non par la voix commune.[2]

J'ai eu longtemps avec moi un homme qui avait
15 demeuré dix ou douze ans en cet autre monde qui a été découvert en notre siècle, en l'endroit où Villega-gnon[3] prit terre,° qu'il surnomma la France Antarctique. *landed* Cette découverte d'un pays infini semble être de con-sidération.° Je ne sais si je me puis répondre° qu'il ne *important* | *be sure*
20 s'en fasse à l'avenir quelque autre, tant de personnages

4 / Comment cet exemple s'applique-t-il à ce qui précède ?

5 / « Ces pays, dit-on, se séparent sous la violence d'une terrible convul-
sion, alors qu'ils ne formaient qu'un seul continent... » (Virgile,
Enéide.) « Et le marais, longtemps stérile et fait pour les rames,
nourrit les villes voisines et connaît la lourde charrue. » (Horace,
Art poétique.)

Notez l'emploi des citations de l'antiquité ici et dans le reste de l'essai.
Pour Montaigne, le latin est la langue maternelle, et il n'y a aucun
pédantisme à l'employer. L'auteur aurait-il pu se passer des citations
sans nuire au fil de son discours ? Pourquoi emploie-t-il ces citations ?

plus grands que nous ayant été trompés en cette-ci.° J'ai
peur que nous ayons les yeux plus grands que le ventre,
et plus de curiosité que nous n'avons de capacité. Nous
embrassons tout, mais nous n'étreignons° que du vent.
5 Platon introduit Solon[4] racontant avoir appris des prêtres
de la ville de Saïs en Egypte, que, jadis et avant le déluge,
il y avait une grande île, nommée Atlantide, droit à° la
bouche du détroit de Gibraltar,° qui tenait plus de pays
que l'Afrique et l'Asie toutes deux ensemble, et que les
10 rois de cette contrée-là, qui ne possédaient pas seulement
cette île, mais s'étaient étendus dans la terre ferme si
avant° qu'ils tenaient de la largeur d'Afrique jusques en
Egypte, et de la longueur de l'Europe jusques en la
Toscane, entreprirent d'enjamber° jusque sur l'Asie et
15 subjuguer toutes les nations qui bordent la mer Méditer-
ranée jusques au golfe de la mer Majour ;° et, pour cet
effet, traversèrent les Espagnes, la Gaule, l'Italie, jusques
en la Grèce, où les Athéniens les soutinrent :° mais que,
quelque temps après, et les Athéniens, et eux, et leur
20 île furent engloutis par le déluge. Il est bien vraisemblable que cet extrême ravage d'eaux ait fait des changements étranges aux habitations de la terre, comme on
tient que la mer a retranché° la Sicile d'avec l'Italie,

> Haec loca, vi quondam et vasta convulsa ruina,
25 Dissiluisse ferunt, cum protinus utraque tellu
> Una foret

Chypre d'avec la Syrie, l'île de Nègrepont° de la terre
ferme de la Boeoce,° et joint ailleurs les terres qui étaient
divisées, comblant de limon° et de sable les fossés
30 d'entre-deux.

> sterilisque diu palus aptaque remis
> Vicinas urbes, alit, et grave sentit aratrum.[5]

Mais il n'y a pas grande apparence que cette île soit ce
monde nouveau que nous venons de découvrir ; car elle
35 touchait quasi l'Espagne, et ce serait un effet incroyable
d'inondation de l'en avoir reculée, comme elle est, de
plus de douze cents lieues ; outre ce que les navigations
des modernes ont déjà presque découvert que ce n'est
point une île, ains° terre ferme et continente avec l'Inde

Glosses (right margin):

- celle-ci (this discovery)
- clasp, hold
- just at . . .
- Straits of Gibraltar
- so far
- encroach
- Black Sea
- fought them off
- cut off
- Euboea
- Boeotia
- silt
- mais

6 / L'atlas de Gerardum de Jode, édité à Anvers en 1578, nous montre une Amérique séparée de la Chine par un détroit, « *stretto de Anio* », qui n'a rien à voir avec l'Océan Pacifique. (Cf. la carte reproduite à la page 21.)

7 / Cette idée que l'homme et le monde sont liés est une idée fort répandue au XVIème siècle : l'homme est le microcosme ou *petit monde*, l'univers est le macrocosme ou *vaste monde* et tous deux font partie de la même totalité.

8 / Montaigne revient à sa propre expérience pour examiner le changement de l'aspect physique de la terre. Dans le premier paragraphe de l'essai, quel autre personnage évalue les opinions reçues à la lumière de sa propre expérience ? Quelle leçon le lecteur doit-il tirer de ces deux exemples ?

9 / Les fourriers précédaient les troupes afin de leur préparer le logement.

orientale° d'un côté, et avec les terres qui sont sous les
deux pôles d'autre part ; ou, si elle en est séparée, que
c'est d'un si petit détroit et intervalle qu'elle ne mérite
pas d'être nommée île pour cela.[6]

5   Il semble qu'il y ait des mouvements, naturels les
uns, les autres fièvreux, en ces grands corps comme aux
nôtres.[7] Quand je considère l'impression° que ma rivière
de Dordogne fait de mon temps vers la rive droite de sa
descente, et qu'en vingt ans elle a tant gagné, et dérobé°

10 le fondement à plusieurs bâtiments, je vois bien que
c'est une agitation extraordinaire ; car, si elle fût toujours allée ce train,° ou dût aller à l'avenir, la figure du
monde serait renversée.[8] Mais il leur prend° des changements : tantot elles s'épandent° d'un côté, tantôt d'un

15 autre ; tantôt elles se contiennent. Je ne parle pas des
soudaines inondations de quoi nous manions° les causes.
En Médoc, le long de la mer, mon frère, sieur d'Arsac,°
voit une sienne terre ensevelie sous les sables que la mer
vomit devant elle ; le faîte° d'aucuns° bâtiments paraît

20 encore ; ses rentes et domaines se sont échangés en
pacages° bien maigres. Les habitants disent que, depuis
quelque temps, la mer se pousse si fort vers eux qu'ils
ont perdu quatre lieues de terre. Ces sables sont ses
fourriers ;[9] et voyons des grandes mont-joies d'arène°

25 mouvante qui marchent d'une demi-lieue devant elle,
et gagnent pays.
    L'autre témoignage de l'Antiquité, auquel on veut
rapporter cette découverte, est dans Aristote, au moins
si ce petit livret *Des Merveilles inouïes°* est à lui. Il raconte

30 là que certains Carthaginois, s'étant jetés au travers de
la mer Atlantique, hors le détroit de Gibraltar, et
navigué longtemps, avaient découvert enfin une grande
île fertile, toute revêtue de bois et arrosée de grandes et
profondes rivières, fort éloignée de toutes terres fermes ;

35 et qu'eux, et autres depuis, attirés par la bonté et fer-
tilité du terroir,° s'y en allèrent avec leurs femmes et
enfants, et commencèrent à s'y habituer.° Les seigneurs
de Carthage, voyant que leur pays se dépeuplait peu à
peu, firent défense expresse, sur peine de mort, que nul

40 n'eût plus à aller là, et en chassèrent ces nouveaux habitants, craignant, à ce que l'on dit, que par succession de

Southeast Asia

pressure

steals away

if it always went at this rate
they undergo
spread out

grasp
a landholder in Arsac

tip | some

pastures

piles of sand

On Extraordinary Marvels falsely attributed to Aristotle

soil
settle down

10 / Montaigne vient de présenter une deuxième histoire qui, dit-il, n'explique pas les « terres neuves » (du pays des Cannibales). Analysez la démarche de sa pensée jusqu'ici.

11 / Quel homme ? Montaigne commence-t-il un nouveau développement, ou pouvez-vous voir un rapport avec ce qui précède ?

12 / L'auteur semble préférer un esprit simple, dont l'imagination est limitée, aux géographes ambitieux qui écrivent pour plaire aux lecteurs curieux, avides de faits extraordinaires. Cette façon de penser se voit-elle déjà dans l'essai ?

13 / C'est au cordelier Thevet, auteur d'une *Cosmographie universelle*, publiée en 1575, que Montaigne s'en prend. Thevet, qui connaissait bien la Palestine, en profita pour décrire le monde.

14 / Comment cette phrase résume-t-elle l'effort fondamental de Montaigne dans les *Essais* ?

15 / Ici Montaigne combine les différents thèmes qui ont été présentés jusqu'ici dans l'essai. Quel rapport voyez-vous entre cette première partie et le reste de l'essai ?

temps ils ne vinssent à multiplier tellement qu'ils les supplantassent eux-mêmes et ruinassent leur Etat. Cette narration d'Aristote n'a non plus d'accord avec nos terres neuves.[10]

Cet homme que j'avais,[11] était homme simple et grossier,° qui est une condition propre à rendre véritable témoignage ; car les fines gens° remarquent bien plus curieusement° et plus de choses, mais ils les glosent ;° et pour faire valoir leur interprétation et la persuader, ils ne se peuvent garder d'altérer un peu l'histoire ; ils ne vous représentent° jamais les choses pures, ils les inclinent et masquent selon le visage qu'ils leur ont vu ; et, pour donner crédit à leur jugement et vous y attirer, prêtent volontiers de ce côté-là à la matière, l'allongent et l'amplifient. Ou il faut un homme très fidèle, ou si simple qu'il n'ait pas de quoi bâtir et donner de la vraisemblance à des inventions fausses, et qui n'ait rien épousé.° Le mien était tel ; et, outre cela, il m'a fait voir à diverses fois plusieurs matelots et marchands qu'il avait connus en ce voyage. Ainsi je me contente de cette information, sans m'enquérir de ce que les cosmographes en disent.[12]

Il nous faudrait des topographes qui nous fissent narration particulière des endroits où ils ont été. Mais, pour avoir cet avantage sur nous d'avoir vu la Palestine, ils veulent jouir de ce privilège de nous conter nouvelles de tout le demeurant° du monde.[13] Je voudrais que chacun écrivît ce qu'il sait, et autant qu'il en sait, non en cela seulement, mais en tous autres sujets :[14] car tel peut avoir quelque particulière science ou expérience de la nature d'une rivière ou d'une fontaine, qui ne sait au reste° que ce que chacun sait. Il entreprendra toutefois, pour faire courir ce petit lopin,° d'écrire toute la physique. De ce vice soudent° plusieurs grandes incommodités.°

Or je trouve, pour revenir à mon propos,° qu'il n'y a rien de barbare et de sauvage en cette nation, à ce° qu'on m'en a rapporté, sinon que chacun appelle barbarie ce qui n'est pas de son usage ; comme de vrai il semble que nous n'avons autre mire° de la vérité et de la raison que l'exemple et l'idée des opinions et usances° du pays où nous sommes.[15] Là est toujours la parfaite

crude

cultured people

carefully | interpret, embroider

present

not wedded to any opinion

rest

for the rest

display this scrap of knowledge | arise | inconveniences
As I was saying
according to

reference point
customs, usage

16 / C'est la hantise de l'âge d'or, moment parfait dans l'histoire de l'humanité.

17 / Montaigne joue sur les deux sens du mot *sauvage* : est sauvage ce qui n'est pas cultivé, est sauvage ce qui est mauvais et féroce. Ce qui est spontané, naturel, selon Montaigne, est bon ; ce qui a été manipulé par l'homme doit être considéré comme mauvais.

18 / D'après Montaigne, la civilisation corromprait le goût. L'homme civilisé serait tenté par l'art, la complication, le raffinement excessif et dénaturé. Le sauvage, par contre, représenterait l'humanité « naturelle », sans culture donc sans corruption.

Il n'est pas facile de définir ce que Montaigne entend exactement par le mot *nature*. Au cours des *Essais*, nous pouvons relever différentes nuances de sens et d'intention dans l'emploi de ce mot. Ici, toutefois, la nature s'opposant à l'art, il ne peut s'agir que de forces créatrices spontanées auxquelles une civilisation imposerait ses formes, ses concepts et ses préjugés.

19 / « Le lierre qui pousse naturellement vient mieux, l'arbousier croît plus beau dans les antres solitaires, et le chant des oiseaux, pour être sans art, n'en est que plus doux. » (Properce, *Elégies*.)

20 / Les préjugés favorables de Montaigne en faveur de l'Antiquité gréco-latine apparaissent ici. Les hommes de cette période lui paraissent infiniment plus sages et plus normaux, sinon plus naturels, que ses contemporains.

religion, la parfaite police,° parfait et accompli usage de toutes choses.[16] Ils sont sauvages, de même que nous appelons sauvages les fruits que nature, de soi et de son progrès ordinaire,° a produits : là où, à la vérité, ce sont
5 ceux que nous avons altérés par notre artifice et détournés de l'ordre commun, que nous devrions appeler plutôt sauvages.[17] En ceux-là° sont vives et vigoureuses les vraies et plus utiles et naturelles vertus et propriétés, lesquelles nous avons abâtardies° en ceux-ci,° et les avons
10 seulement accommodées au plaisir de notre goût corrompu. Et si pourtant, la saveur même et délicatesse se trouve à notre goût excellente, à l'envi° des nôtres en divers fruits de ces contrées-là sans culture. Ce n'est pas raison que l'art gagne le point d'honneur sur notre
15 grande et puissante mère nature.[18] Nous avons tant rechargé° la beauté et richesse de ses ouvrages par nos inventions, que nous l'avons du tout° étouffée. Si est-ce que° partout où sa pureté reluit, elle fait une merveilleuse honte à nos vaines et frivoles entreprises,

20   Et veniunt ederae sponte sua melius,
      Surgit et in solis formosior arbutus antris,
      Et volucres nulla dulcius arte canunt.[19]

      Tous nos efforts ne peuvent seulement arriver à représenter° le nid du moindre oiselet,° sa contexture,
25 sa beauté et l'utilité de son usage, non pas° la tissure° de la chétive° araignée. Toutes choses, dit Platon, sont produites par la nature, ou par la fortune,° ou par l'art ; les plus grandes et plus belles, par l'une ou l'autre des deux premières ; les moindres et imparfaites, par la
30 dernière.
      Ces nations me semblent donc ainsi barbares, pour avoir reçu fort peu de façon de l'esprit humain et être encore fort voisines de leur naïveté° originelle. Les lois naturelles leur commande encore, fort peu abâtardies
35 par les nôtres ; mais c'est en telle pureté, qu'il me prend quelquefois déplaisir de quoi° la connaissance n'en soit venue plus tôt, du temps qu'il y avait des hommes qui en eussent su° mieux juger que nous.[20] Il me déplaît que Licurgus et Platon ne l'aient eue ; car il me semble que
40 ce que nous voyons par expérience en ces nations là

government

by itself and in the normal course of things

the natural fruits

made degenerate | the hybrid fruits

rivalling

loaded down
completely
And yet

reproduce | little bird
not even | web
weak
chance

natural state

that

had known how

21 / Montaigne, qui admire la civilisation antique, la compare à la civilisation des barbares. Laquelle des deux lui semble supérieure : la république de Platon ou la nation des Cannibales ? Pourquoi ?

22 / « Des hommes qui viennent de surgir de la main des dieux. » (Sénèque, *Epîtres*.) « Voilà les lois données à l'origine par la nature. » (Virgile, *Géorgiques*.)

23 / C'est un des avantages de l'âge d'or que cette jeunesse éternelle qui n'est interrompue que par la mort. On pourrait voir d'autres raisons que la santé inébranlable des Cannibales à ce manque de vieillards parmi eux : les maladies qui les emportent prématurément, les exigences d'une vie primitive qui ne tolère pas les faibles.

surpasse non seulement toutes les peintures de quoi° la
poésie a embelli l'âge doré° et toutes ses inventions à
feindre° une heureuse condition d'hommes, mais encore
la conception et le désir même de la philosophie. Ils
5 n'ont pu imaginer une naïveté si pure et simple, comme
nous la voyons par expérience, ni n'ont pu croire que
notre société se pût maintenir avec si peu d'artifice et de
soudure° humaine. C'est une nation, dirai-je à Platon,[21]
en laquelle il n'y a aucune espèce de trafic ;° nulle con-
10 naissance de lettres ; nulle science de nombres ; nul nom
de magistrat, ni de supériorité politique ; nul usage de
service,° de richesse ou de pauvreté, nuls contrats, nulles
successions ; nuls partages ; nulles occupations qu'oi-
sives ;° nul respect de parenté que commun ;° nuls
15 vêtements ; nulle agriculture ; nul métal ; nul usage de
vin ou de blé. Les paroles mêmes qui signifient le mensonge, la trahison, la dissimulation, l'avarice, l'envie, la
détraction,° le pardon, inouïes.° Combien trouverait-il
la république qu'il a imaginée éloignée de cette per-
20 fection : « viri a diis recentes ».

Hos natura modos primum dedit.[22]

Au demeurant,° ils vivent en une contrée de pays
très plaisante et bien tempérée ; de façon qu'à ce que
m'ont dit mes témoins, il est rare d'y voir un homme
25 malade ; et m'ont assuré n'en y avoir vu aucun tremblant, chassieux,° édenté,° ou courbé de vieillesse.[23] Ils
sont assis° le long de la mer, et fermés du côté de la
terre de grandes et hautes montagnes, ayant, entre
deux,° cent lieues ou environ d'étendue en large.° Ils
30 ont grande abondance de poisson et de chairs qui n'ont
aucune ressemblance aux nôtres, et les mangent sans
autre artifice que de les cuire. Le premier qui y mena un
cheval, quoiqu'il les eût pratiqués° à plusieurs autres
voyages, leur fit tant d'horreur en cette assiette° qu'ils
35 le tuèrent à coups de trait,° avant que le pouvoir reconnaître. Leurs bâtiments sont fort longs, et capables de°
deux ou trois cents âmes, étoffés° d'écorce de grands
arbres, tenant à terre par un bout et se soutenant et
appuyant l'un contre l'autre par le faîte, à la mode
40 d'aucunes° de nos granges,° desquelles la couverture

with which
Golden Age
imagining

bonds
commerce

serfdom

pleasant, leisurely | no family feeling except for the community

slander | unheard-of

Incidentally

bleary-eyed | tooth-less | situated

between sea and mountain | in width

visited them
position
arrows
with a capacity of
covered with bark

certain | barns

25 / Montaigne avait acquis des « curiosités » du Nouveau Monde, et l'un de ses serviteurs avait vécu plusieurs années sur la côte du Brésil.

pend jusques à terre, et sert de flanc.° Ils ont du bois si *protection, flank*
dur qu'ils en coupent, et en font leurs épées et des grils
à cuire leur viande.° Leurs lits sont d'un tissu de coton, *food*
suspendus contre le toit, comme ceux de nos navires, à
5 chacun le sien ; car les femmes couchent à part des maris.
Ils se lèvent avec le soleil, et mangent soudain° après *immediately*
être levés, pour toute la journée ; car ils ne font autre
repas que celui-là. Ils ne boivent pas lors, comme Suidas
dit de quelques autres peuples d'Orient, qui buvaient
10 hors du manger ; ils boivent à plusieurs fois sur jour,° et *a day*
d'autant.° Leur breuvage est fait de quelque racine, et *a lot*
est de la couleur de nos vins clairets. Ils ne le boivent que
tiède ; ce breuvage ne se conserve que deux ou trois
jours ; il a le goût un peu piquant, nullement fumeux,
15 salutaire à l'estomac, et laxatif à ceux qui ne l'ont ac-
coutumé ; c'est une boisson très agréable à qui y est
duit.° Au lieu du pain, ils usent d'une certain matière *used to it*
blanche, comme du coriandre confit. J'en ai tâté : le
goût en est doux° et un peu fade.° Toute la journée se *sweet | insipid*
20 passe à danser. Les plus jeunes vont à la chasse des
bêtes à tout° des arcs. Une partie des femmes s'amusent° *with | are busy*
cependant à chauffer leur breuvage, qui est leur princi-
pal office.° Il y a quelqu'un des vieillards qui, le matin, *occupation, job*
avant qu'ils se mettent à manger, prêche en commun
25 avec toute la grangée, en se promenant d'un bout à
l'autre et redisant une même clause° à plusieurs fois, *sentence*
jusques à ce qu'il ait achevé le tour (car ce sont bâtiments
qui ont bien cent pas de longueur). Il ne leur recom-
mande que deux choses : la vaillance contre les ennemis
30 et l'amitié à leurs femmes. Et ils ne faillent jamais° de *never fail*
remarquer° cette obligation, pour leur refrain, que ce *point out*
sont elles qui leur maintiennent leur boisson tiède et
assaisonnée. Il se voit en plusieurs lieux, et entre autres
chez moi,²⁵ la forme de leurs lits, de leurs cordons,° de *ornamental braids*
35 leurs épées et bracelets de bois de quoi ils couvrent leurs
poignets aux combats, et des grandes cannes, ouvertes
par un bout, par le son desquelles ils soutiennent la
cadence en leur danser. Ils sont ras° partout, et se font le *clean-shaved*
poil beaucoup plus nettement° que nous, sans autre *shave much closer*
40 rasoir que de bois ou de pierre. Ils croient les âmes
éternelles, et celles qui ont bien mérité des dieux, être

26 / Peut-on entrevoir ici une intention ironique de la part de Montaigne ? Cette vision simpliste du Paradis et de l'Enfer satisfait la logique primitive des Cannibales comme certaines notions religieuses simplistes satisfont les contemporains de Montaigne.

27 / Anciens peuples du nord-est de l'Europe et du nord-ouest de l'Asie. Ces anecdotes sont tirées d'Hérodote.

28 / L'attaque est plus directe dans ce dernier paragraphe. Montaigne s'en prend à tous ceux qui se servent de la religion pour dominer les masses. Le contraste est grand entre les devins cannibales que l'on condamne à mort lorsqu'ils se sont trompés, et les faux prophètes chrétiens qui prospèrent en dépit de leurs erreurs.

logées à l'endroit du ciel où le soleil se lève ; les mau-
dites,° du côté de l'occident.²⁶   damned souls

Ils ont je ne sais quels prêtres et prophètes, qui se
présentent bien rarement au peuple, ayant leur demeure
5 aux montagnes. A leur arrivée, il se fait une grande fête
et assemblée solennelle de plusieurs villages (chaque
grange, comme je l'ai décrite, fait un village, et sont
environ à une lieue française l'une de l'autre). Ce prophète parle à eux en public, les exhortant à la vertu et à
10 leur devoir ; mais toute leur science éthique ne contient   courage
que ces deux articles, de la résolution° à la guerre et   Celui-ci (this man)
affection à leurs femmes. Cettuy-ci° leur pronostique   results
les choses à venir et les événements° qu'ils doivent   sends them to
espérer de leurs entreprises, les achemine° ou détourne   on condition | when
15 de la guerre ; mais c'est par tel si° que, où il faut° à   he fails
bien deviner, et s'il leur advient° autrement qu'il ne leur   if something happens
a prédit, il est haché° en mille pièces s'ils l'attrapent, et   chopped
condamné pour faux prophète. A cette cause,° celui qui   for this reason
s'est une fois mesconté,° on ne le voit plus.   mistaken

20 C'est don de Dieu que la divination ; voilà pourquoi
ce devrait être une imposture punissable, d'en abuser.
Entre les Scythes,²⁷ quand les devins° avaient failli de   sooth-sayers
rencontre,° on les couchait, enforgez° de pieds et de   missed the mark |
mains, sur des charriotes pleines de bruyère, tirées par   chained
25 des bœufs, en quoi on les faisait brûler. Ceux qui manient
les choses sujettes à la conduite de l'humaine suffisance,°   human ability
sont excusables d'y faire ce qu'ils peuvent. Mais ces
autres, qui nous viennent pipant° des assurances d'une   decoying us with
faculté extraordinaire qui est hors de notre connaissance,
30 faut-il pas les punir de ce qu'ils ne maintiennent l'effet
de leur promesse,° et de la témérité de leur imposture ?²⁸   keeping their promise

Ils ont leurs guerres contre les nations qui sont au-
delà de leurs montagnes, plus avant en la terre ferme,
auxquelles ils vont tout nus, n'ayant autres armes que
35 des arcs ou des épées de bois, appointées° par un bout, à   sharpened
la mode des langues° de nos épieux.° C'est chose esmer-   points | spears
veillable° que de la fermeté de leurs combats, qui ne   amazing
finissent jamais que par meurtre et effusion de sang ;
car, de routes° et d'effroi, ils ne savent que c'est. Chacun   routs
40 rapporte pour son trophée la tête de l'ennemi qu'il a
tué, et l'attache à l'entrée de son logis. Après avoir

29 | Montaigne critique, une fois de plus, les mœurs de ses contemporains. Tout ce que la civilisation européenne a pu apporter aux Cannibales, c'est un raffinement dans la torture et la pratique du vice le moins excusable, la cruauté. Notre auteur critique surtout les guerres de religion, qui faisaient rage à son époque.

longtemps bien traité leurs prisonniers, et de toutes les
commodités dont ils se peuvent aviser, celui qui en est
le maître fait une grande assemblée de ses connaissants ;° *acquaintances*
il attache une corde à l'un des bras du prisonnier, par le
5   bout de laquelle il le tient, éloigné de quelques pas, de
peur d'en être offensé,° et donne au plus cher de ses amis *attacked*
l'autre bras à tenir de même ; et eux deux, en présence
de toute l'assemblée, l'assomment à coups d'épée. Cela
fait, ils le rôtissent et en mangent en commun et en
10 envoient des lopins° à ceux de leurs amis qui sont *pieces*
absents. Ce n'est pas, comme on pense, pour s'en nourrir,
ainsi que faisaient anciennement les Scythes ; c'est pour
représenter° une extrême vengeance. Et qu'il soit ainsi,° *express | As proof*
ayant aperçu que les Portugais, qui s'étaient ralliés à *that it is so*
15 leurs adversaires, usaient d'une autre sorte de mort
contre eux,° quand ils les prenaient, qui était de les *(the Cannibals)*
enterrer jusques à la ceinture, et tirer au demeurant° *on the rest*
du corps force coups de trait, et les pendre après, ils
pensèrent que ces gens ici de l'autre monde, comme ceux
20 qui avaient semé la connaissance de beaucoup de vices
parmi leur voisinage, et qui étaient beaucoup plus
grands maîtres qu'eux en toute sorte de malice, ne
prenaient pas sans occasion° cette sorte de vengeance, et *good reason*
qu'elle devait être plus aigre° que la leur, commencèrent *harsh*
25 de quitter leur façon ancienne pour suivre cette-ci. Je ne
suis pas marri° que nous remarquons l'horreur bar- *upset, angry*
baresque qu'il y a en une telle action, mais oui bien° de *certainly*
quoi, jugeant bien de leurs fautes, nous soyons si
aveuglés aux nôtres. Je pense qu'il y a plus de barbarie
30 à manger un homme vivant qu'à le manger mort, à
déchirer par tourments et par géhennes° un corps en- *hellish tortures*
core plein de sentiment, le faire rôtir par le menu,° *little by little*
le faire mordre et meurtrir aux chiens° et aux pourceaux *by dogs*
(comme nous l'avons non seulement lu, mais vu de
35 fraîche mémoire,° non entre des ennemis anciens, mais *recently*
entre des voisins et concitoyens, et, pis est, sous prétexte
de piété et de religion), que de le rôtir et manger après
qu'il est trépassé.[29]

Chrysippus et Zénon, chefs de la secte stoïque, ont
40 bien pensé qu'il n'y avait aucun mal de se servir de notre
charogne° à quoi que ce fût° pour notre besoin, et d'en *carcass | for what-*
ever was . . .

30 / « Les Gascons, à ce que l'on dit, prolongèrent leur vie en utilisant une telle nourriture. » (Juvénal, *Satires*.)

31 / Il faut comprendre le mot vertu dans le sens latin de « force, courage ». La guerre est pour le Cannibale la seule façon de montrer ces qualités, et c'est à qui les montrera avec le plus d'éclat.

tirer de la nourriture ; comme nos ancêtres, étant assié-
gés par César en la ville d'Alexia, se résolurent° de   *resolved*
soutenir la faim de ce siège par les corps des vieillards,
des femmes et autres personnes inutiles au combat.

5   Vascones, fama est, alimentis talibus usi
       Produxere animas.[30]

Et les médecins ne craignent pas de s'en servir à
toute sorte d'usage pour notre santé ; soit pour l'appliquer au-dedans ou au-dehors ; mais il ne se trouva
10 jamais aucune opinion si déréglée° qui excusât la tra-   *disordered*
hison, la déloyauté, la tyrannie, la cruauté, qui sont nos
fautes ordinaires.

Nous les pouvons donc bien appeler barbares, eu
égard aux° règles de la raison, mais non pas eu égard à   *in regard to*
15 nous, qui les surpassons en toute sorte de barbarie. Leur
guerre est toute noble et généreuse, et a autant d'excuse
et de beauté que cette maladie humaine en peut recevoir ; elle n'a d'autre fondement parmi eux que la
seule jalousie de la vertu.[31] Ils ne sont pas en débat de°   *concerned over*
20 la conquête de nouvelles terres, car ils jouissent encore
de cette uberté° naturelle qui les fournit sans travail et   *fertility*
sans peine de toutes choses nécessaires, en telle abon-
dance qu'ils n'ont que faire° d'agrandir leurs limites. Ils   *have no need to*
sont encore en cet heureux point, de ne désirer qu'autant
26 que leurs nécessités naturelles leur ordonnent ; tout ce
qui est au-delà est superflu pour eux. Ils s'entr'appellent
généralement, ceux de même âge, frères ; enfants, ceux
qui sont au-dessous ; et les vieillards sont pères à tous
les autres. Ceux-ci laissent à leurs héritiers en commun
30 cette pleine possession de biens par indivis° sans autre   *common property*
titre que celui tout pur que nature donne à ses créatures,
les produisant au monde. Si leurs voisins passent les
montagnes pour les venir assaillir, et qu'ils emportent
la victoire sur eux, l'acquêt° du victorieux, c'est la gloire,   *prize*
35 et l'avantage d'être demeuré maître en valeur et en
vertu ; car autrement ils n'ont que faire des biens
des vaincus, et s'en retournent à leur pays, où ils
n'ont faute° d'aucune chose nécessaire, ni faute encore   *do not lack*
de cette grande partie,° de savoir heureusement jouir de   *quality*
40 leur condition et s'en contenter. Autant en font ceux-ci

32 / Trouvez-vous cette description vraisemblable ou exagérée ? Montaigne croit-il à cette société idéale, ou la décrit-il pour créer un contraste avec la société européenne ? (Pouvons-nous le savoir ?) Notez la suite de son raisonnement.

33 / « Il n'est pas d'autre victoire que celle qui, subjuguant l'âme, contraint l'ennemi à s'avouer vaincu. » (Claudien, *Du sixième consulat d'Honorius.*)

à leur tour.° Ils ne demandent à leurs prisonniers autre rançon que la confession et reconnaissance d'être vaincus ; mais il ne s'en trouve pas un, en tout un siècle, qui n'aime mieux la mort que de relâcher,° ni par contenance, ni de parole, un seul point d'une grandeur de courage invincible ; il ne s'en voit aucun qui n'aime mieux être tué et mangé, que de requérir seulement de ne l'être pas. Ils les traitent en toute liberté, afin que la vie leur soit d'autant plus chère ; et les entretiennent communément des menaces de leur mort future, des tourments qu'ils y auront à souffrir, des apprêts° qu'on dresse pour cet effet, du détranchement° de leurs membres et du festin° qui se fera à leurs dépens.° Tout cela se fait pour cette seule fin d'arracher de leur bouche quelque parole molle ou rabaissée,° ou de leur donner envie de s'enfuir, pour gagner cet avantage de les avoir épouvantés,° et d'avoir fait force à° leur constance. Car aussi, à le bien prendre,° c'est en ce seul point que consiste la vraie victoire.³²

These, in turn, do the same.

give up

preparations
cutting off
*banquet | at their
     expense*

humbled

frightened | conquered
rightly understood

victoria nulla est
Quam quae confessos animo quoque subjugat hostes.³³

Les Hongres,° très belliqueux combattants, ne poursuivaient jadis leur pointe,° outre avoir° rendu l'ennemi à leur merci. Car, en ayant arraché cette confession, ils le laissaient aller sans offense,° sans rançon, sauf, pour le plus, d'en tirer parole de ne s'armer dès lors en avant° contre eux.

Hungarians
*pursued their advantage
  | after having*

unharmed

henceforth

Assez d'avantages gagnons-nous sur nos ennemis, qui sont avantages empruntés, non pas nôtres. C'est la qualité d'un portefaix,° non de la vertu, d'avoir les bras et les jambes plus roides ;° c'est une qualité morte et corporelle que la disposition ;° c'est un coup de la fortune de faire broncher° notre ennemi et de lui éblouir les yeux par la lumière du soleil ; c'est un tour d'art et de science, et qui peut tomber en une personne lâche et de néant,° d'être suffisant à l'escrime.° L'estimation° et le prix d'un homme consiste au cœur et en la volonté ; c'est là où gît son vrai honneur ; la vaillance, c'est la fermeté non pas des jambes et des bras, mais du courage et de l'âme ; elle ne consiste pas en la valeur de

stevedore
sturdy
agility
stumble

*cowardly, worthless
  person | fencing*
value

34 / « S'il est abattu, il combat à genoux. » (Sénèque, *De la providence*.)

35 / Léonidas, roi de Sparte, périt avec 300 Spartiates en essayant d'arrêter l'armée de Xerxès (juillet 480 av. J.-C.). Ce sacrifice voulu assura la retraite de la flotte grecque, et reste un exemple célèbre de valeur patriotique.

36 / Là où le lecteur pourrait se moquer de l'honneur militaire des Cannibales, Montaigne lui rappelle des exemples d'honneur militaire qui viennent de l'histoire européenne. Quelle définition de la noblesse suggèrent ces deux exemples ?

37 / Montaigne reprend le fil de son anecdote. Quels détours a-t-il fait prendre, à deux reprises, à l'essai ? Pour quelle raison ? Comment rattacheriez-vous ces digressions au thème central du récit ?

notre cheval ni de nos armes, mais en la nôtre. Celui qui tombe obstiné en son courage, *si succiderit, de genu pugnat ;*[34] qui, pour quelque danger° de la mort voisine, ne relâche aucun point de son assurance ; qui regarde
5 encore, en rendant l'âme, son ennemi d'une vue ferme et dédaigneuse, il est battu non pas de nous, mais de la fortune ; il est tué, non pas vaincu.

    Les plus vaillants sont parfois les plus infortunés.

    Aussi y a-t-il des pertes triomphantes à l'envi des°
10 victoires. Ni ces quatre victoires sœurs, les plus belles que le soleil ait onques° vues de ses yeux, de Salamine, de Platées, de Mycale, de Sicile° osèrent onques opposer toute leur gloire ensemble à la gloire de la déconfiture° du roi Léonidas et des siens, au pas des Thermopyles.°[35]
15   Qui courut jamais d'une plus glorieuse envie et plus ambitieuse au gain d'un combat, que le capitaine Ischolas° à la perte ? Qui plus ingénieusement et curieusement° s'est assuré de son salut, que lui de sa ruine ? Il était commis° à défendre certain passage du Péloponn-
20 nèse contre les Arcadiens. Pour quoi faire° se trouvant du tout incapable, vu la nature du lieu et inégalité des forces, et se résolvant° que tout ce qui se présenterait aux ennemis aurait de nécessité à y demeurer ; d'autre part, estimant indigne et de sa propre vertu et magnanimité
25 et du nom lacédémonien de faillir à sa charge, il prit entre ces deux extrémités un moyen parti,° de telle sorte. Les plus jeunes et dispos° de sa troupe, il les conserva à la tuition° et service de leur pays, et les y renvoya ; et avec ceux desquels le défaut° était moindre, il
30 délibéra° de soutenir° ce pas, et, par leur mort, en faire acheter aux ennemis l'entrée la plus chère qu'il lui serait possible : comme il advint. Car, étant tantôt° environné de toutes parts par les Arcadiens, après en avoir fait une grande boucherie, lui et les siens furent tous mis au fil de
35 l'épée.°[36] Est-il quelque trophée assigné pour les vainqueurs, qui ne soit mieux dû à ces vaincus ? Le vrai vaincre a pour son rôle l'estour,° non pas le salut ; et consiste l'honneur de la vertu à combattre, non à battre.

    Pour revenir à notre histoire,[37] il s'en faut tant que
40 ces prisonniers se rendent,° pour tout ce qu'on leur fait, qu'au rebours,° pendant ces deux ou trois mois qu'on les

whatever the danger

equal to

ever
480–479 av. J.-C.
defeat
the pass of Thermopylae

Peloponnesian Wars,
  431–404 B.C.
carefully
charged with
To do that

realizing that

a middle part
fit
protection
loss
decided | defend

soon

put to the sword

combat

are so far from giving in
on the contrary

38 / Montaigne joue sur les deux sens du mot *sauvage* que nous avons déjà signalés. Ces êtres sont étranges si nous, Européens, nous représentons l'Homme tel qu'il doit être, mais c'est à notre tour de paraître étranges et « sauvages » s'ils sont plus proches de la nature et de la raison.

garde, ils portent une contenance gaie ; ils pressent leurs
maîtres de se hâter de les mettre en cette épreuve ; ils
les défient, les injurient,° leur reprochent leur lâcheté   *insult*
et le nombre des batailles perdues contre les leurs. J'ai
5 une chanson faite par un prisonnier, où il y a ce trait :
qu'ils viennent hardiment trétous° et s'assemblent pour   *all of them*
dîner de lui ; car ils mangeront quant et quant° leurs   *at the same time*
pères et leurs aïeux, qui ont servi d'aliment et de nourriture à son corps. « Ces muscles, dit-il, cette chair et ces
10 veines, ce sont les vôtres, pauvres fols que vous êtes ;
vous ne reconnaissez pas que la substance des membres
de vos ancêtres s'y tient encore : savourez-les bien, vous
y trouverez le goût de votre propre chair. » Invention qui
ne sent aucunement° la barbarie. Ceux qui les peignent   *not at all*
15 mourants, et qui représentent cette action quand
on les assomme, ils peignent le prisonnier crachant
au visage de ceux qui le tuent et leur faisant la moue.°   *making a face*
De vrai, ils ne cessent jusques au dernier soupir de les
braver et défier de parole et de contenance. Sans mentir,
20 au prix de° nous, voilà des hommes bien sauvages ; car,   *compared to*
ou il faut qu'ils le soient bien à bon escient,° ou que nous   *in all truth*
le soyons ; il y a une merveilleuse distance entre leur
forme° et la nôtre.[38]   *way of life*

Les hommes y ont plusieurs femmes, et en ont d'au-
25 tant plus grand nombre qu'ils sont en meilleure réputation de vaillance ; c'est une beauté remarquable en
leurs mariages, que la même jalousie que nos femmes ont
pour nous empêcher de° l'amitié et bienveillance d'autres   *keep us from*
femmes, les leurs l'ont toute pareille pour la leur ac-
30 quérir. Etant plus soigneuses de l'honneur de leurs
maris que de toute autre chose, elles cherchent et mettent leur sollicitude à avoir le plus de compagnes qu'elles
peuvent, d'autant que c'est un témoignage de la vertu°   *power*
du mari.

35 Les nôtres crieront au miracle ; ce ne l'est pas ; c'est
une vertu proprement matrimoniale, mais du plus haut
étage. Et, en la Bible, Lia, Rachel, Sara et les femmes de
Jacob fournirent leurs belles servantes à leurs maris ;
et Livia seconda° les appétits d'Auguste, à son intérêt,°   *assisted | to her own*
40 et la femme du roi Dejotarus, Stratonique, prêta non   *disadvantage*
seulement à l'usage de son mari une fort belle jeune fille

39 / Livia : Femme de l'empereur romain Auguste.

40 / Montaigne considère toujours l'autre côté de la question et va au devant des critiques qu'on pourrait lui faire. On serait tenté de croire, peut-être, que les Sauvages sont courageux et généreux parce qu'ils manquent d'intelligence et d'initiative et que leur sottise seule fait leur vertu : pour réfuter cette objection l'auteur va nous donner des preuves de leur génie en littérature.

41 / Gracieuse à la façon des odes d'Anacréon (poète lyrique grec, 560–478 av. J.-C.).

42 / En 1562. La cour, dont faisait partie Montaigne, se rendit à Rouen après la prise de cette ville par l'armée royale. Charles IX avait alors douze ans.

43 / Notez le ton familier qu'emploie Montaigne. Comparez l'idée déjà citée (note 14) : « Je voudrais que chacun écrivît ce qu'il sait, et autant qu'il en sait... ».

de chambre, qui la servait, mais en nourrit° soigneuse-
ment les enfants, et leur fit épaule° à succéder aux Etats
de leur père.[39]

Et, afin qu'on ne pense point que tout ceci se fasse
par une simple et servile obligation à leur usance° et par
l'impression de l'autorité de leur ancienne coutume, sans
discours° et sans jugement, et pour avoir° l'âme si
stupide que de ne pouvoir prendre autre parti, il faut
alléguer quelques traits de leur suffisance.[40] Outre celui
que je viens de réciter de l'une de leurs chansons
guerrières, j'en ai une autre, amoureuse, qui commence
en ce sens : « Couleuvre,° arrête-toi ; arrête-toi, couleuvre,
afin que ma sœur tire sur le patron° de ta peinture la
façon et l'ouvrage° d'un riche cordon que je puisse
donner à m'amie ; ainsi soit en tout temps ta beauté et
ta disposition° préférée à tous les autres serpents. » Ce
premier couplet, c'est le refrain de la chanson. Or j'ai
assez de commerce° avec la poésie pour juger ceci, que
non seulement il n'y a rien de barbarie en cette imagination, mais qu'elle est tout à fait anacréontique.[41] Leur
langage, au demeurant, c'est un doux langage et qui a
le son agréable, retirant° aux terminaisons grecques.

Trois d'entre eux, ignorant combien coûtera un
jour à leur repos et à leur bonheur la connaissance des
corruptions de deçà,° et que de ce commerce naîtra leur
ruine, comme je présuppose qu'elle soit déjà avancée,
bien misérables de s'être laissé piper au désir de la
nouvelleté, et avoir quitté la douceur de leur ciel pour
venir voir le nôtre, furent à Rouen, du temps que° le feu
Roi Charles neuvième y était.[42] Le Roi parla à eux longtemps ; on leur fit voir notre façon,° notre pompe, la
forme d'une belle ville. Après cela, quelqu'un en demanda leur avis, et voulut savoir d'eux ce qu'ils y
avaient trouvé de plus admirable ; ils répondirent trois
choses, d'où j'ai perdu la troisième et en suis bien marri ;°
mais j'en ai encore deux en mémoire.[43] Ils dirent qu'ils
trouvaient en premier lieu fort étrange que tant de
grands hommes, portant barbe, forts et armés, qui
étaient autour du Roi (il est vraisemblable qu'ils par-
laient des Suisses de sa garde°), se soumissent à obéir à
un enfant, et qu'on ne choisissait plutôt quelqu'un

raised

backed them

customs

reflection | because they have

snake

model

style and workmanship

appearance

I know enough about

resembling

this side of the ocean

when

way of life

sorry

Swiss guardsmen

44 / Un idéal de justice sociale semble se faire jour dans les réflexions des Cannibales. On peut penser que Montaigne souscrit à leurs critiques et prend le parti des misérables à une époque où les pouvoirs laïques s'en occupaient peu.

45 / Commentez l'ironie et la force de cette phrase finale.

Le chapitre finit sur une boutade (parce qu'ils se promènent nus, ils sont étranges et leur vision du monde n'a aucune valeur) et ceci a pu faire dire à certains critiques que Montaigne ne croyait pas lui-même au sérieux de son développement. La question se pose en effet : devons-nous penser que Montaigne nous propose les Cannibales comme des modèles que nous aurions intérêt à imiter ou a-t-il voulu faire réfléchir le lecteur, en le choquant dans ses idées préconçues, sur des questions morales de la première importance et, en par-ticulier, sur la valeur relative des apparences ?

d'entre eux pour commander ; secondement (ils ont une façon de leur langage telle qu'ils nomment les hommes moitié les uns des autres°) qu'ils avaient aperçu qu'il y avait parmi nous des hommes pleins et gorgés° de toutes *halves of one another*
crammed full

5 sortes de commodités et que leurs moitiés étaient mendiants à leurs portes, décharnés° de faim et de *emaciated*
pauvreté ; et trouvaient étrange comme ces moitiés ici nécessiteuses pouvaient souffrir une telle injustice, qu'ils° ne prissent les autres à la gorge, ou missent le feu *so that they*
10 à leurs maisons.⁴⁴

Je parlai à l'un d'eux fort longtemps ; mais j'avais un truchement° qui me suivait si mal et qui était si *interpreter*
empêché à recevoir mes imaginations° par sa bêtise, que *ideas*
je n'en pus tirer guère de plaisir. Sur ce que je lui
15 demandai quel fruit il recevait de la supériorité qu'il avait parmi les siens (car c'était un capitaine, et nos matelots le nommaient roi), il me dit que c'était marcher le premier à la guerre ; de combien d'hommes il était suivi, il me montra une espace de lieu,° pour signifier que *area*
20 c'était autant qu'il en pourrait° en une telle espace, ce *as could fit*
pouvait être quatre ou cinq mille hommes ; si, hors la guerre, toute son autorité était expirée, il dit qu'il lui en restait cela que, quand il visitait les villages qui dépendaient de lui, on lui dressait des sentiers au travers
25 des haies de leurs bois, par où il pût passer bien à l'aise.

Tout cela ne va pas trop mal : mais quoi, ils ne portent pas de haut-de-chausses.°⁴⁵ *breeches*

Blaise Pascal

(1623-1662)

mathématicien

philosophe

écrivain

A la fin du XVIème siècle et dans la première partie du XVIIème, on assiste en France à un renouveau de la vie et de la pensée religieuses : à la Réforme protestante succède la Contre-Réforme catholique. C'est à ce dernier mouvement que se rattachent la vie et l'œuvre de Pascal ; il n'y a pas de défenseur plus passionné que lui de la vérité, de la beauté et de la perfection de la religion catholique. Vers la fin de sa vie, renonçant presque complètement à des travaux scientifiques aussi remarquables que variés, il entreprend une *Apologie de la religion chrétienne* destinée à réveiller la foi des tièdes et à arracher les athées et les indifférents à leur attitude tranquille et méprisante à l'égard de la Révélation. Son œuvre ne sera jamais achevée et sera publiée après sa mort sous le titre de *Pensées* (1670). Toutefois, dans certains fragments, Pascal a développé le thème qu'il se proposait de placer dans tel ou tel endroit de son livre. Ces passages, plus longs que les autres, constituent de véritables petits essais où l'auteur, dialoguant parfois avec nous sur un ton ironique ou passionné, tente en une dizaine de pages de nous communiquer la certitude qui est la sienne.

C'est un de ces passages que l'on va lire. Pour bien le comprendre, rappelons-nous qu'aux yeux de Pascal, le problème de la foi et de la vie future est angoissant : c'est le seul qui soit important. Dans la mesure où elle détourne l'homme de ce problème en l'encourageant à chercher la vérité et le bonheur dans sa vie terrestre, la raison (et avec elle la science et le progrès) ne peut être qu'une source d'orgueil et d'illusion plus ou moins volontaires. L'opinion de Pascal est même que les hommes cherchent par tous les moyens à voir la condition humaine autre qu'elle n'est ; parce qu'ils ont peur de la vérité, ils cherchent à se « divertir ». On voit quel sens prend alors ce mot ; est divertissement tout ce qui détourne l'homme du problème métaphysique de son existence. Il ne s'agit pas seulement des plaisirs et des jeux : toute la vie sociale, la guerre, la politique, la science deviennent aux yeux de Pascal des refuges providentiels où les hommes peuvent oublier l'angoissante vérité de la mort et de l'incertitude concernant une autre vie. Ainsi se dégage l'impression qu'il n'y a que du vide derrière l'agitation de la vie quotidienne, que nous nous trompons sur les raisons profondes qui nous poussent à agir, et que la vérité est incompatible avec le bonheur, puisqu'on ne jouit d'une certaine tranquillité qu'au prix du mensonge.

1 / Pascal choisit d'écrire à la première personne. Quel effet ce choix produit-il sur le lecteur ? L'auteur, en commençant son essai, part-il de son expérience de la vie ou de réflexions générales ? Commentez le rythme de cette phrase.

2 / Pascal part du principe que l'homme est, et doit se sentir, malheureux. L'auteur vous semble-t-il sûr de lui ?

Divertissement

Quand je m'y suis mis quelquefois, à considérer les diverses agitations des hommes, et les périls et les peines où ils s'exposent, dans la cour, dans la guerre, d'où naissent tant de querelles, de passions, d'entreprises
5 hardies et souvent mauvaises, etc., j'ai découvert que tout le malheur des hommes vient d'une seule chose, qui est de ne savoir pas demeurer en repos, dans une chambre.[1] Un homme qui a assez de bien pour vivre, s'il savait demeurer chez soi avec plaisir, n'en sortirait
10 pas pour aller sur la mer ou au siège° d'une place. On n'achètera une charge à l'armée° si cher, que parce qu'on trouverait insupportable de ne bouger de la ville ; et on ne recherche les conversations et les divertissements des jeux que parce qu'on ne peut demeurer chez
15 soi avec plaisir.[2]

    Mais quand j'ai pensé de plus près, et qu'après avoir trouvé la cause de tous nos malheurs, j'ai voulu en découvrir la raison, j'ai trouvé qu'il y en a une bien effective,° qui consiste dans le malheur naturel de notre
20 condition faible et mortelle, et si misérable, que rien

to lay siege to

a commission in the army

real, undeniable

3 / Quelle distinction Pascal fait-il entre la *cause* et la *raison* des divertisse-ments ? Comment l'auteur emploie-t-il cette distinction pour passer à une autre étape de son raisonnement ?

4 / Pourquoi Pascal prend-t-il « la royauté » comme exemple ? Par quels procédés tente-t-il de convaincre son lecteur ?

5 / Selon Pascal, pourquoi l'homme travaille-t-il ? Pascal nous offre-t-il l'explication habituelle ? Quelle perspective permet à l'auteur de comparer le jeu, la guerre, et le travail ? Comment le mot *tracas* indique-t-il cette perspective ?

6 / « Le plaisir de la solitude » est-il pour vous « une chose incompré-hensible » ? Où, dans ce texte, avez-vous déjà vu le même thème ?

ne peut nous consoler, lorsque nous y pensons de près.[3]

Quelque condition qu'on se figure,° si l'on assemble tous les biens qui peuvent nous appartenir, la royauté
5 est le plus beau poste du monde, et cependant qu'on s'en° imagine, accompagné de toutes les satisfactions qui peuvent le toucher. S'il° est sans divertissement, et qu'on le laisse considérer et faire réflexion sur ce qu'il est, cette félicité languissante° ne le soutiendra point, il tombera
10 par nécessité dans les vues qui le menacent, des révoltes qui peuvent arriver, et enfin de la mort et des maladies, qui sont inévitables ; de sorte que, s'il est sans ce qu'on appelle divertissement, le voilà malheureux, et plus malheureux que le moindre de ses sujets, qui joue et qui
15 se divertit.[4]

De là vient que le jeu et la conversation des femmes, la guerre, les grands emplois° sont si recherchés. Ce n'est pas qu'il y ait en effet du bonheur, ni qu'on s'imagine que la vraie béatitude soit d'avoir l'argent qu'on peut gagner
20 au jeu, ou dans le lièvre qu'on court :° on n'en voudrait pas s'il était offert. Ce n'est pas cet usage mol et paisible, et qui nous laisse penser à notre malheureuse condition, qu'on recherche, ni les dangers de la guerre ni la peine des emplois, mais c'est le tracas° qui nous détourne d'y
25 penser et nous divertit.[5]

De là vient que les hommes aiment tant le bruit et le remuement ;° de là vient que la prison est un supplice si horrible ; de là vient que le plaisir de la solitude est une chose incompréhensible. Et c'est enfin le plus grand
30 sujet de félicité de la condition des rois, de ce qu'on essaie sans cesse à les divertir et à leur procurer toutes sortes de plaisirs.[6]

Le roi est environné de gens qui ne pensent qu'à divertir le roi, et à l'empêcher de penser à lui. Car il est
35 malheureux, tout roi qu'il est,° s'il y pense.

Voilà tout ce que les hommes ont pu inventer pour se rendre heureux. Et ceux qui font sur cela les philosophes,° et qui croient que le monde est bien peu raisonnable de passer tout le jour à courir après un lièvre qu'ils
40 ne voudraient pas avoir acheté, ne connaissent guère notre nature. Ce lièvre ne nous garantirait° pas de la vue

Whatever rank one imagines

i.e. la royauté
i.e. le roi

feeble

important posts

hare one chases

bother

agitation

even though he is king

play at being philosophers

didn't protect us from

7 / Précisez cette opposition entre « le lièvre » et « la chasse ».

8 / Quelle raison les hommes donnent-ils pour leur chasse au lièvre ? Comment auraient-ils dû répondre, selon Pascal ? Cette réponse imaginée par l'auteur, explique-t-elle la « cause » ou la « raison », selon la définition donnée par les deux premiers paragraphes ?

9 / Remarquez, au cours de votre lecture, les oppositions de mots et d'idées.

10 / De quelle « première nature » Pascal veut-il parler ?

11 / Peut-on voir ici un début d'analyse psychanalytique du besoin d'agitation de l'homme ? Pour Pascal, une guérison est-elle possible ?

de la mort et des misères, mais la chasse — qui nous en détourne — nous en garantit.[7]

Et ainsi, quand on leur reproche que ce qu'ils recherchent avec tant d'ardeur ne saurait les satisfaire, s'ils répondaient, comme ils devraient le faire s'ils y pensaient bien, qu'ils ne recherchent en cela qu'une occupation violente et impétueuse qui les détourne de penser à soi, et que c'est pour cela qu'ils se proposent un objet attirant qui les charme° et les attire avec ardeur, ils laisseraient leurs adversaires sans repartie.° Mais ils ne répondent pas cela, parce qu'ils ne se connaissent pas eux-mêmes. Ils ne savent pas que ce n'est que la chasse, et non pas la prise, qu'ils recherchent.[8]

Ils s'imaginent que, s'ils avaient obtenu cette charge, ils se reposeraient ensuite avec plaisir, et ne sentent pas la nature insatiable de leur cupidité. Ils croient chercher sincèrement le repos, et ne cherchent en effet que l'agitation.[9]

Ils ont un instinct secret qui les porte à chercher le divertissement et l'occupation au-dehors, qui vient du ressentiment de° leurs misères continuelles ; et ils ont un autre instinct secret, qui reste de la grandeur de notre première nature,[10] qui leur fait connaître que le bonheur n'est en effet que dans le repos, et non pas dans le tumulte ; et de ces deux instincts contraires il se forme en eux un projet confus, qui se cache à leur vue dans le fond de leur âme, qui les porte à° tendre au repos par l'agitation, et à se figurer toujours que la satisfaction qu'ils n'ont point leur arrivera, si, en surmontant quelques difficultés qu'ils envisagent, ils peuvent s'ouvrir par là la porte au repos.[11]

Ainsi s'écoule toute la vie. On cherche le repos en combattant quelques obstacles ; et si on les a surmontés, le repos devient insupportable ; car, ou l'on pense aux misères qu'on a, ou à celles qui nous menacent. Et quand on se verrait même assez à l'abri de toutes parts, l'ennui, de son autorité privée,° ne laisserait pas de sortir du fond du cœur, où il a des racines naturelles, et de remplir l'esprit de son venin.°

Ainsi l'homme est si malheureux, qu'il s'ennuierait même sans aucune cause d'ennui, par l'état propre de

hypnotizes them
with no answer

uncomfortable con-
sciousness of

brings them to

of its own power

venom

12 / Pascal reproche-t-il à l'homme d'être frivole (*vain*) ? Ou constate-t-il une manière d'être à laquelle il lui paraît impossible d'échapper ? En quoi peut-on dire que les idées de *vanité* et d'*ennui* se complètent et s'opposent ?

13 / Notez les procédés que Pascal utilise pour frapper son lecteur, pour l'engager dans un dialogue plus intime, et pour l'obliger à être d'accord avec sa façon de voir. Ces procédés se retrouvent-ils dans les paragraphes suivants ? Etaient-ils présents au début de l'essai ?

Quelles sont les trois sortes de personnes dont parle Pascal dans ce paragraphe sans les nommer ?

14 / Pascal veut-il dire que les hommes sont de mauvaise foi ? Remarquez l'aspect dialogué de la démonstration : l'auteur prévoit les objections de son lecteur. A quel raisonnement ces exemples servent-ils de preuves ?

sa complexion ;° et il est si vain,° qu'étant plein de mille   *character | shallow*
causes essentielles d'ennui, la moindre chose, comme un
billard et une balle qu'il pousse, suffisent pour le
divertir.¹²

5   Mais, direz-vous, quel objet° a-t-il en tout cela ?   *goal*
Celui de se vanter demain entre ses amis de ce qu'il a
mieux joué qu'un autre. Ainsi, les autres suent° dans   *sweat, toil*
leur cabinet° pour montrer aux savants qu'ils ont résolu   *study*
une question d'algèbre qu'on n'aurait pu trouver
10 jusqu'ici ; et tant d'autres s'exposent aux derniers périls
pour se vanter ensuite d'une place° qu'ils auront prise,   *a city*
et aussi sottement, à mon gré ;° et enfin les autres se   *in my opinion*
tuent pour remarquer toutes ces choses, non pas pour
en devenir plus sages, mais seulement pour montrer
15 qu'ils les savent, et ceux-là sont les plus sots de la bande,
puisqu'ils le sont avec connaissance, au lieu qu'on peut
penser des autres qu'ils ne le seraient plus, s'ils avaient
cette connaissance.¹³

       Tel homme passe sa vie sans ennui, en jouant tous
20 les jours peu de chose. Donnez-lui tous les matins
l'argent qu'il peut gagner chaque jour, à la charge° qu'il   *on condition that*
ne joue point : vous le rendrez malheureux. On dira
peut-être que c'est qu'il recherche l'amusement du jeu,
et non pas le gain. Faites-le donc jouer pour rien, il ne
25 s'y échauffera° pas et s'y ennuiera. Ce n'est donc pas   *get excited*
l'amusement seul qu'il recherche : un amusement
languissant° et sans passion l'ennuiera. Il faut qu'il s'y   *uneventful*
échauffe et qu'il se pipe lui-même,° en s'imaginant   *deceive himself*
qu'il serait heureux de gagner ce qu'il ne voudrait pas
30 qu'on lui donnât à condition de ne point jouer, afin qu'il
se forme un sujet de passion, et qu'il excite sur cela son
désir, sa colère, sa crainte, pour l'objet qu'il s'est formé,
comme les enfants qui s'effrayent du visage, qu'ils ont
barbouillé.°¹⁴   *painted up*
35   D'où vient que cet homme, qui a perdu depuis peu
de mois son fils unique, et qui, accablé de procès et de
querelles, était ce matin si troublé, n'y pense plus
maintenant ? Ne vous en étonnez point : il est tout
occupé à voir par où passera ce sanglier,° que ses chiens   *boar*
40 poursuivent avec tant d'ardeur depuis six heures. Il n'en
faut pas davantage. L'homme, quelque plein de tris-

15 / Que disait déjà Pascal à propos des rois ? Remarquez dans ce paragraphe comment l'auteur fait alterner exemples concrets et formules abstraites. Est-ce un procédé qui lui est familier dans cet essai ? Remarquez la première phrase de ce paragraphe.

16 / Pascal laisse-t-il son lecteur libre de penser comme il veut ? Ou bien tente-t-il de lui imposer sa propre vision de l'homme ?

17 / A la fin de l'essai, Pascal ne décrit plus les illusions de la chasse au plaisir. Après avoir démontré la vanité des plaisirs humains, il rappelle à ses lecteurs qu'une « disgrâce » pourra faire disparaître ces plaisirs, et laisser l'homme seul en face de lui-même. Quelle peut être la fonction de cet exemple final ?

L'auteur a-t-il une attitude passionnée ? détachée ? Pour quel genre de lecteur écrit-il ? Un croyant ? Un incroyant ?

Comparez le début et la fin de cet essai. Y a-t-il une progression logique, une succession d'arguments ? Ou bien Pascal développe-t-il toujours la même idée en utilisant des exemples différents ? Y a-t-il dans cet essai une unité de ton ?

tesse° qu'il soit, si on peut gagner sur lui de le faire *however sad*
entrer en quelque divertissement, le voilà heureux
pendant ce temps-là ; et l'homme, quelque heureux
qu'il soit, s'il n'est diverti et occupé par quelque passion
5 ou quelque amusement qui empêche l'ennui de se
répandre, sera bientôt chagrin et malheureux. Sans
divertissement il n'y a point de joie, avec le divertissement il n'y a point de tristesse. Et c'est aussi ce qui forme
le bonheur des personnes de grande condition, qu'ils ont
10 un nombre de personnes qui les divertissent et qu'ils ont
le pouvoir de se maintenir en cet état.[15]

    Prenez-y garde.[16] Qu'est-ce autre chose d'être
surintendant, chancelier, premier président,° sinon *(important posts)*
d'être en une condition où l'on a dès le matin un grand
15 nombre de gens qui viennent de tous côtés, pour ne leur
laisser pas une heure en la journée où ils puissent penser
à eux-mêmes ? Et quand ils sont dans la disgrâce et
qu'on les renvoie à leurs maisons des champs, où ils ne
manquent ni de biens, ni de domestiques pour les
20 assister dans leurs besoins, il ne laissent pas d'être° *not stop being*
misérables et abandonnés, parce que personne ne les
empêche de songer à eux.[17]

Denis Diderot

(1713-1784)

romancier

dramaturge

essayiste

Denis Diderot est un des *philosophes* du *Siècle des Lumières*, c'est-à-dire un écrivain militant. Ses œuvres témoignent de la lutte de l'élite intellectuelle de son temps contre une religion, une forme de gouvernement (la monarchie) et une organisation sociale à ses yeux absurdes et injustes. Cet « Entretien » a été écrit en 1774 : la Révolution Française n'est pas loin... On peut y voir un *philosophe* en action, dévoilant les raisonnements par lesquels il est arrivé à l'athéisme, causant sans pédantisme avec une femme du monde, diffusant en somme aimablement certaines de ces idées (de ces *lumières*) qui sont le message du XVIIIème siècle.

De grands problèmes sont traités sous la forme du dialogue improvisé. La discussion est souvent interrompue par le philosophe qui rappelle l'objet de sa visite et qui veut arrêter cette conversation, mais la maréchale le retient. Le rythme du dialogue est rapide : l'un des interlocuteurs finit parfois la phrase de l'autre. L'aspect improvisé et le rythme rapide n'empêchent pourtant pas le raisonnement du philosophe de se développer à la faveur des objections et des étonnements de la maréchale avec une indiscutable logique.

L'essai-dialogue à la Diderot donne l'impression de concilier l'effort de la réflexion et le jaillissement de la spontanéité. Les questions, les réactions de la maréchale provoquent le philosophe, le font aller d'idée en idée, lui rappellent des anecdotes, mais, de même qu'il n'oublie pas que c'est le maréchal qu'il est venu voir, notre essayiste ne perd pas le fil de ses pensées. Malgré le ton familier et même désinvolte, il est tout entier à ce qu'il fait, il raisonne, il argumente, il réfute. Le problème posé est capital : Diderot a-t-il résolu ce problème ? affirme-t-il ? prêche-t-il ? Son attitude est plutôt celle d'un esprit à la recherche d'une impossible vérité, recherche que la visite à la maréchale lui donne l'occasion d'entreprendre une fois de plus.

1 / Le texte commence par *je*. Qui parle ? (Relisez le titre.) Demandez-vous en continuant votre lecture à quoi sert le portrait de la maréchale esquissé en cinq lignes. Comment cette rapide mise en scène donne-t-elle le ton au dialogue qui va suivre ? Remarquez la brièveté des phrases : quel est l'effet produit ?

2 / Quelle est l'attitude du narrateur à l'égard de la maréchale dans cette phrase ?

Entretien d'un philosophe
avec Madame la maréchale de ✱✱✱

J'avais je ne sais quelle affaire à traiter avec le maréchal
de ✱✱✱. J'allai à son hôtel un matin ; il était absent. Je me
fis annoncer à Madame la maréchale. C'est une femme
charmante ; elle est belle et dévote comme un ange ;
5 elle a la douceur peinte sur son visage ; et puis un son de
voix et une naïveté de discours tout à fait avenants° à sa   *corresponding*
physionomie. Elle était à sa toilette.° On m'approche   *at her dressing table*
un fauteuil, je m'assieds, et nous causons.[1] Sur quelques
propos de ma part qui l'édifièrent et qui la surprirent,
10 car elle était dans l'opinion que celui qui nie la très
sainte Trinité est un homme de sac et de corde° qui   *thorough scoundrel*
finira par être pendu, elle me dit[2] : « N'êtes-vous pas
monsieur Diderot ? — Oui, madame. — C'est donc vous
qui ne croyez rien ? — Moi-même. — Cependant votre
15 morale est d'un croyant. — Pourquoi non, quand il est
honnête homme. — Et cette morale-là vous la prati-
quez ? — De mon mieux. — Quoi ! vous ne volez point,
vous ne tuez point, vous ne pillez° point ? — Très   *plunder*
rarement. — Que gagnez-vous donc à ne pas croire ? —
20 Rien du tout. Madame la maréchale, est-ce qu'on croit

3 / Quelle est la cause de l'étonnement de la maréchale ? Dans le texte, qu'est-ce qui indique la curiosité et l'incrédulité de la maréchale, et la tranquillité et l'assurance du philosophe ?

4 / Comment la maréchale a-t-elle essayé de mettre le philosophe en contradiction avec lui-même ? Qu'y a-t-il de paradoxal si l'on compare l'attitude de la première avec celle du second ?

5 / Quels mots, quelles images la maréchale utilise-t-elle pour parler des rapports du croyant avec Dieu ? Après l'interrogatoire de la maréchale, voici la contre-attaque du philosophe. Remarquez les répliques inutiles du point de vue de la progression des idées (par exemple « Je voudrais bien le savoir... Et je vais vous le dire... Vous m'obligerez ») : à quoi servent-elles ?

parce qu'il y a quelque chose à gagner ? — Je ne sais pas ; mais la raison d'intérêt ne gâte° rien aux affaires de ce monde ni de l'autre. J'en suis un peu fâchée pour notre pauvre espèce humaine : nous n'en valons pas

5 mieux. Mais quoi, vous ne volez point ? — Non, d'honneur.°3 — Si vous n'êtes ni voleur, ni assassin, convenez du moins que vous n'êtes pas conséquent.° — Pourquoi donc ? — C'est qu'il me semble que si je n'avais rien à espérer ni à craindre quand je n'y serai plus, il y a bien

10 de petites douceurs dont je ne me sèvrerais° pas à présent que j'y suis. J'avoue que je prête à Dieu à la petite semaine.° — Vous l'imaginez. — Ce n'est point une imagination, c'est un fait. — Et pourrait-on vous demander quelles sont ces choses que vous vous per-

15 mettriez, si vous étiez incrédule ? — Non pas, s'il vous plaît, c'est un article de ma confession.4 — Pour moi, je mets à fonds perdu.° — C'est la ressource des gueux.° — M'aimeriez-vous mieux usurier ?° — Mais oui ; on peut faire l'usure avec Dieu tant qu'on veut, on ne le

20 ruine pas. Je sais bien que cela n'est pas délicat, mais qu'importe. Comme le point est d'attraper le ciel ou d'adresse ou de force, il faut tout porter en ligne de compte,° ne négliger aucun profit. Hélas ! nous aurons beau faire,° notre mise sera toujours bien mesquine° en

25 comparaison de la rentrée° que nous attendons. Et vous n'attendez rien, vous ? — Rien. — Cela est triste. Convenez donc que vous êtes bien méchant ou bien fou. — En vérité je ne saurais, Madame la maréchale. — Quel motif peut avoir un incrédule d'être bon, s'il n'est pas

30 fou ? Je voudrais bien le savoir.5 — Et je vais vous le dire. — Vous m'obligerez. — Ne pensez-vous pas qu'on peut être si heureusement né° qu'on trouve un grand plaisir à faire le bien ? — Je le pense. — Qu'on peut avoir reçu une excellente éducation qui fortifie le penchant

35 naturel à la bienfaisance ? — Assurément. — Et que dans un âge plus avancé, l'expérience nous ait convaincu qu'à tout prendre° il vaut mieux pour son bonheur dans ce monde être un honnête homme qu'un coquin ?° — Oui-da,° mais comment est-on honnête homme, lorsque

40 de mauvais principes se joignent aux passions pour entraîner le mal ?° — On est inconséquent, et y a-t-il

spoil

"word of honor"
consistent

deprive myself

lend at high interest

invest without security | beggars
usurer

put everything on the balance sheet
will act in vain | paltry
return

born with such a good disposition

everything considered
rascal
yes indeed

bring about evil deeds

6 / Comment l'homme peut-il se passer de la religion pour faire le bien, selon le philosophe ? Les *mauvais principes* dont parle la maréchale sont des idées semblables à celles que le philosophe vient d'exposer. Quelle est l'importance de l'idée d'*inconséquence* ? Les deux interlocuteurs arrivent finalement ici à un *statu quo* : comment la maréchale relance-t-elle la discussion ?

7 / Comparez cette phrase avec la phrase de la page 69, l.23-25.

8 / Remarquez les parallélismes et les contrastes entre les mots. Notez aussi les termes que les interlocuteurs se renvoient souvent l'un à l'autre. Les questions se font de plus en plus nombreuses jusqu'à l'avertissement du philosophe. Cet avertissement indique une étape dans le raisonnement : quel chemin avions-nous déjà parcouru ? Un échange de répliques amusantes et spirituelles interrompt la discussion. Quel est l'effet produit par cette interruption ?

rien de plus commun que d'être inconséquent ? —
Hélas ! malheureusement non ; on croit, et tous les jours
on se conduit comme si l'on ne croyait pas. — Et sans
croire, l'on se conduit à peu près comme si l'on croyait.[6]
— A la bonne heure ;° mais quel inconvénient y aurait-il   *Right; very good*
à avoir une raison de plus, la religion, pour faire le bien,
et une raison de moins, l'incrédulité, pour mal faire ? —
Aucun, si la religion était un motif de faire le bien, et
l'incrédulité un motif de faire le mal. — Est-ce qu'il y a
quelque doute là-dessus ? Est-ce que l'esprit de la religion
n'est pas de contrarier sans cesse cette vilaine nature
corrompue,[7] et celui de l'incrédulité de l'abandonner à
sa malice en l'affranchissant° de la crainte ? — Ceci,   *freeing him*
madame la maréchale, va nous jeter dans une longue
discussion. — Qu'est-ce que cela fait ? Le maréchal ne
rentrera pas sitôt, et il vaut mieux que nous parlions
raison que de médire° de notre prochain. — Il faudra que   *slander*
je reprenne les choses d'un peu haut.° — De si haut que   *begin further back*
vous voudrez, pourvu que° je vous entende.° — Si vous   *provided that /*
ne m'entendiez pas, ce serait bien ma faute. — Cela est   *understand*
poli ; mais il faut que vous sachiez que je n'ai jamais lu
que mes heures,° et que je ne me suis guère occupée   *prayer-book*
qu'à pratiquer l'Evangile et à faire des enfants. — Ce sont
deux devoirs dont vous vous êtes bien acquittée. — Oui,
pour les enfants ; j'en ai six tout venus° et un septième   *already born*
qui frappe à la porte, mais commencez.[8] — Madame la
maréchale, y a-t-il quelque bien dans ce monde-ci qui
soit sans inconvénient ? — Aucun. — Et quelque mal qui
soit sans avantage ? — Aucun. — Qu'appelez-vous mal
ou bien ? — Le mal, ce sera ce qui a plus d'inconvénients
que d'avantages ; et le bien au contraire ce qui a plus
d'avantages que d'inconvénients. — Madame la maréchale aura-t-elle la bonté de se souvenir de sa définition
du bien et du mal ? — Je m'en souviendrai. Vous appelez
cela une définition ? — Oui. — C'est donc de la philosophie ? — Excellente. — Et j'ai fait de la philosophie ! —
Ainsi vous êtes persuadée que la religion a plus d'avantages que d'inconvénients, et c'est pour cela que vous
l'appelez un bien ? — Oui. — Pour moi, je ne doute
point que votre intendant° ne vous vole un peu moins la   *steward*
veille de Pâques que le lendemain des fêtes, et que de

9 / Le philosophe commence par utiliser la méthode socratique : il amène la maréchale à donner une définition du bien et du mal sur laquelle ils sont tous les deux d'accord. Pourquoi ? Est-ce une discussion entre spécialistes ? Remarquez aussi que la maréchale fait de la philosophie comme Monsieur Jourdain fait de la prose dans la pièce de Molière : c'est l'occasion d'un autre échange de répliques amusantes. Mais quel ton très différent le philosophe adopte-t-il peu après ? Quelles différences remarquez-vous dans le choix des mots et dans le rythme des phrases ? Relevez les expressions comme *les terribles ravages, la plus violente antipathie entre les nations,* etc.

10 / Quelle est ici la nouvelle idée dont le philosophe tente de démontrer la vérité ? Quel argument utilise-t-il ? La force des arguments est-elle égale entre les deux interlocuteurs, ou la maréchale se laisse-t-elle impressionner par le philosophe ?

temps en temps la religion n'empêche nombre de° *many*
petits maux, et ne produise nombre de petits biens. —
Petit à petit cela fait une somme. — Mais croyez-vous
que les terribles ravages qu'elle a causés dans les temps
5 passés, et qu'elle causera dans les temps à venir, soient
suffisamment compensés par ces guenilleux° avantages- *scraps of (lit., ragged)*
là ? Songez qu'elle a créé et qu'elle perpétue la plus
violente antipathie entre les nations. Il n'y a pas un
musulman qui n'imaginât faire une action agréable à
10 Dieu et au saint prophète, en exterminant tous les
chrétiens, qui de leur côté ne sont guère plus tolérants.
Songez qu'elle a créé et qu'elle perpétue dans une même
contrée des divisions qui se sont rarement éteintes sans
effusion de sang. Notre histoire ne nous en offre que de
15 trop récents et trop funestes° exemples. Songez qu'elle *fatal*
a créé et qu'elle perpétue dans la société entre les
citoyens, et dans la famille entre les proches, les haines
les plus fortes et les plus constantes. Le Christ a dit qu'il
était venu pour séparer l'époux de la femme, la mère
20 de ses enfants, le frère de la soeur, l'ami de l'ami, et sa
prédiction ne s'est que trop fidèlement accomplie.[9] —
Voilà bien les abus, mais ce n'est pas la chose. — C'est
la chose, si les abus en sont inséparables. — Et comment
me montrerez-vous que les abus de la religion sont
25 inséparables de la religion ? — Très aisément. Dites-moi,
si un misanthrope s'était proposé de faire le malheur
du genre humain, qu'aurait-il pu inventer de mieux
que la croyance en un être incompréhensible, sur lequel
les hommes n'auraient jamais pu s'entendre, et auquel
30 ils auraient attaché plus d'importance qu'à leur vie ?
Or est-il possible de séparer de la notion d'une divinité
l'incompréhensibilité la plus profonde et l'importance
la plus grande ? — Non. — Concluez-donc. — Je conclus
que c'est une idée qui n'est pas sans conséquence dans
35 la tête des fous. — Et ajoutez que les fous ont toujours
été et seront toujours le plus grand nombre, et que les
plus dangereux ce sont ceux que la religion fait, et dont
les perturbateurs de la société savent tirer bon parti° *make good use of*
dans l'occasion.[10] — Mais il faut quelque chose qui
40 effraye les hommes sur les mauvaises actions qui échap-
pent à la sévérité des lois ; et si vous détruisez la religion,

11 / La maréchale continue à défendre l'utilité de la religion. Pourquoi le philosophe se met-il à parler de la mythologie gréco-romaine ? La maréchale est-elle convaincue ?

que lui substituerez-vous ? — Quand je n'aurais rien à mettre à la place, ce serait toujours un terrible préjugé de moins ; sans compter que dans aucun siècle et chez aucune nation les opinions religieuses n'ont servi de base
5 aux mœurs nationales. Les dieux qu'adoraient ces vieux Grecs et ces vieux Romains, les plus honnêtes gens de la terre, étaient la canaille la plus dissolue ;° un Jupiter à *most dissolute riff-raff*
brûler tout vif, une Vénus à enfermer à l'hôpital, un Mercure à mettre à Bicêtre.° — Et vous pensez qu'il *hospital for the mentally disturbed*
10 est tout a fait indifférent que nous soyons chrétiens ou païens ; que païens nous n'en vaudrions pas moins, et que chrétiens nous n'en valons pas mieux ? — Ma foi, j'en suis convaincu, à cela près que° nous serions un peu *except that*
plus gais. — Cela ne se peut.[11] — Mais, madame la
15 maréchale, est-ce qu'il y a des chrétiens ? Je n'en ai jamais vus. — Et c'est à moi que vous dites cela, à moi ? — Non, madame, ce n'est pas à vous ; c'est à une de mes voisines qui est honnête et pieuse comme vous l'êtes, et qui se croyait chrétienne de la meilleure foi du monde,
20 comme vous vous le croyez. — Et vous lui fîtes voir qu'elle avait tort ? — En un instant. — Comment vous y prîtes-vous ? — J'ouvris un nouveau testament dont elle s'était beaucoup servie, car il était fort usé. Je lui lus le sermon sur la montagne, et à chaque article je lui
25 demandai : « Faites-vous cela, et cela donc, et cela en-
core ? » J'allai plus loin. Elle est belle, et quoiqu'elle soit très dévote, elle ne l'ignore pas. Elle a la peau très blanche, et quoiqu'elle n'attache pas un grand prix à ce frêle° avantage, elle n'est pas fâchée qu'on en fasse *frail*
30 l'éloge.° Elle a la gorge° aussi bien qu'il soit possible de *praises it | bosom*
l'avoir, et quoiqu'elle soit très modeste, elle trouve bon qu'on s'en aperçoive. — Pourvu qu'il n'y ait qu'elle et son mari qui le sachent. — Je crois que son mari le sait mieux qu'un autre ; mais pour une femme qui se pique
35 de° grand christianisme, cela ne suffit pas. Je lui dis : *prides herself on*
« N'est-il pas écrit dans l'Evangile que celui qui a con-
voité la femme de son prochain a commis l'adultère dans son cœur ? » — Elle vous répondit que oui. — Je luis dis : « Et l'adultère commis dans le cœur ne damne-t-il
40 pas aussi sûrement qu'un adultère mieux conditionné ? » — Elle vous répondit encore que oui. — Je lui dis : «Et

12 / Quel lien y a-t-il entre les premières pages de l'essai et l'anecdote racontée par le philosophe ? Qu'est-ce que ce dernier veut prouver ? Comment s'y prend-il pour mettre sa voisine en contradiction avec elle-même ? Regardez de près la construction des phrases. Où l'ironie de la maréchale est-elle sensible ? Remarquez le ton aimable de la conversation entre deux interlocuteurs que rapprochent l'enjouement, l'intelligence, et l'esprit.

13 / C'était un hôpital destiné à recevoir les malades mentaux.

si l'homme est damné pour l'adultère qu'il a commis dans le cœur, quel sera le sort de la femme qui invite tous ceux qui l'approchent à commettre ce crime ? » Cette dernière question l'embarrassa. — Je comprends ; c'est

5 qu'elle ne voilait pas fort exactement cette gorge qu'elle avait aussi bien qu'il est possible de l'avoir. — Il est vrai. Elle me répondit que c'était une chose d'usage ; comme si rien n'était plus d'usage que de s'appeler chrétien et de ne l'être pas ; qu'il ne fallait pas se vêtir ridiculement ;

10 comme s'il y avait quelque comparaison à faire entre un misérable petit ridicule, sa damnation éternelle et celle de son prochain ; qu'elle se laissait habiller par sa couturière ; comme s'il ne valait pas mieux changer de couturière que renoncer à sa religion ; que c'était la

15 fantaisie de son mari ; comme si un époux était assez insensé° pour exiger° de sa femme l'oubli de la décence *insane / require* et de ses devoirs, et qu'une véritable chrétienne dût pousser l'obéissance pour un époux extravagant, jusqu'au sacrifice de la volonté de son Dieu et au mépris des

20 menaces de son rédempteur. — Je savais d'avance toutes ces puérilités-là ;° je vous les aurais peut-être dites *simple, elementary* comme votre voisine ; mais elle et moi nous aurions été *thoughts* toutes deux de mauvaise foi. Mais quel parti prit-elle d'après votre remontrance ?° — Le lendemain de cette *reproach*

25 conversation, c'était un jour de fête, je remontais chez moi, et ma dévote et belle voisine descendait de chez elle pour aller à la messe. — Vêtue comme de coutume ? — Vêtue comme de coutume. Je souris, elle sourit, et nous passâmes l'un à côté de l'autre sans nous

30 parler. Madame la maréchale, une honnête femme ! une chrétienne ! une dévote !¹² Après cet exemple et cent mille autres de la même espèce, de bonne foi, quelle influence réelle puis-je accorder à la religion sur les mœurs ? Presque aucune, et tant mieux. — Comment,

35 tant mieux ! — Oui, madame. S'il prenait en fantaisie à vingt mille habitants de Paris de conformer strictement leur conduite au sermon sur la montagne... — Eh bien, il y aurait quelques belles gorges plus couvertes. — Et tant de fous que le lieutenant de police ne saurait qu'en

40 faire, car nos Petites-Maisons¹³ n'y suffiraient pas. Il y a dans les livres inspirés deux morales : l'une générale

14 / Un nouveau paradoxe du philosophe fait glisser la conversation vers une nouvelle idée. Laquelle ? La maréchale a-t-elle aussi souvent la parole qu'au début du dialogue ? Défend-elle ses opinions aussi bien que le philosophe défend les siennes ? Qu'est-ce que le philosophe propose de mettre à la place de la religion ? Le ton change encore une fois. En quoi cela est-il révélateur des véritables intentions du philosophe ? S'agit-il seulement pour lui dans cette conversation d'attendre l'arrivée du maréchal en tenant poliment compagnie à sa femme ?

et commune à toutes les nations, à tous les cultes, et qu'on suit à peu près ; une autre propre à chaque nation et à chaque culte, à laquelle on croit, qu'on prêche dans les temples, qu'on préconise° dans les maisons et qu'on ne suit point du tout. — Et d'où vient cette bizarrerie ? — De ce qu'il est impossible d'assujettir un peuple à une règle qui ne convient qu'à quelques hommes mélancoliques qui l'ont calquée° sur leur caractère. Il en est des religions comme des institutions monastiques qui toutes se relâchent avec le temps. Ce sont des folies qui ne peuvent tenir contre l'impulsion constante de la nature, qui nous ramène sous sa loi. Et faites que le bien des particuliers soit si étroitement lié avec le bien général, qu'un citoyen ne puisse presque pas nuire à la société sans se nuire à lui-même ; assurez à la vertu sa récompense, comme vous avez assuré à la méchanceté son châtiment ; que sans aucune distinction de culte, dans quelque condition que le mérite se trouve, il conduise aux grandes places° de l'Etat ; et ne comptez pas plus sur d'autres méchants que sur un petit nombre d'hommes qu'une nature perverse, que rien ne peut corriger, entraîne au vice. Madame la maréchale, la tentation est trop proche et l'enfer est trop loin ; n'attendez rien qui vaille° la peine qu'un sage législateur s'en occupe, d'un système d'opinions bizarres qui n'en impose qu'aux enfants ; qui encourage au crime par la commodité des expiations ; qui envoie le coupable demander pardon à Dieu de l'injure faite à l'homme, et qui avilit° l'ordre des devoirs naturels et moraux, en le subordonnant à un ordre de devoirs chimériques. — Je ne vous comprends pas.[14] — Je m'explique ; mais il me semble que voilà le carrosse de M. le maréchal qui rentre fort à propos° pour m'empêcher de dire une sottise. — Dites, dites votre sottise, je ne l'entendrai pas ; je me suis accoutumée à n'entendre que ce qui me plaît. » Je m'approchai de son oreille, et je lui dis tout bas : « Madame la maréchale, demandez au vicaire de votre paroisse, de ces deux crimes, pisser dans un vase sacré, ou noircir la réputation d'une femme honnête, quel est le plus atroce. Il frémira° d'horreur au premier, criera au sacrilège ; et la loi civile qui prend à

recommends

modeled it

positions

don't expect anything worth . . .

degrades

just in time

will shudder

15 / La maréchale et le philosophe ne sont toujours pas d'accord, mais une sorte de complicité s'établit entre eux, ils se comprennent à demi-mot. Pouvez-vous donner un exemple ? Est-ce que la maréchale est scandalisée par la « sottise » dite par le philosophe ? Pourquoi le philosophe dit-il cette « sottise » ? Qu'est-ce qu'elle prouve ? Et quelle est la « sottise » que la maréchale est sur le point de dire ? La maréchale n'est pas d'accord, mais elle ne sait que répondre au philosophe : quelles peuvent être les causes de cet embarras ?

16 / La soudaine tolérance du philosophe vous étonne-t-elle ? Quelle est ici son attitude à l'égard de la maréchale ? Ironie ? Condescendance ? Politesse ? Pourquoi «ceux qui sont faits pour se délivrer de ces préjugés » n'ont-ils pas besoin qu'on « les catéchise » ?

peine connaissance de la calomnie,° tandis qu'elle punit *slander*
le sacrilège par le feu, achèvera de brouiller les idées et
de corrompre les esprits. — Je connais plus d'une femme
qui se ferait un scrupule de manger gras le vendredi, et
5   qui... j'allais dire aussi ma sottise. Continuez. — Mais,
madame, il faut absolument que je parle à M. le maréchal. — Encore un moment, et puis nous l'irons voir
ensemble. Je ne sais trop que vous répondre, et cependant vous ne me persuadez pas.[15] — Je ne me suis pas
10   proposé de vous persuader. Il en est de la religion comme
du mariage. Le mariage qui fait le malheur de tant
d'autres, a fait votre bonheur et celui de M. le maréchal ;
vous avez très bien fait de vous marier tous deux. La
religion qui a fait, qui fait et qui fera tant de méchants,
15   vous a rendue meilleure encore ; vous faites bien de la
garder. Il vous est doux d'imaginer à côté de vous, au-
dessus de votre tête un être grand et puissant qui vous
voit marcher sur la terre, et cette idée affermit° vos pas. *strengthens*
Continuez, madame, à jouir de ce garant auguste° de vos *majestic guarantee*
20   pensées, de ce spectateur, de ce modèle sublime de vos
actions. — Vous n'avez pas, à ce que je vois, la manie du
prosélytisme. — Aucunement. — Je vous en estime davantage. — Je permets à chacun de penser à sa manière,
pourvu qu'on me laisse penser à la mienne ; et puis
25   ceux qui sont faits pour se délivrer de ces préjugés n'ont
guère besoin qu'on les catéchise.[16] — Croyez-vous que
l'homme puisse se passer de la superstition ? — Non,
tant qu'il restera ignorant et peureux. — Eh bien,
superstition pour superstition, autant la nôtre qu'une
30   autre. — Je ne le pense pas. — Parlez-moi vrai, ne vous
répugne-t-il° point à n'être plus rien après votre mort ? *doesn't it bother you .. .*
— J'aimerais mieux exister, bien que je ne sache pas
pourquoi un être qui a pu me rendre malheureux sans
raison, ne s'en amuserait pas deux fois. — Si malgré cet
35   inconvénient, l'espoir d'une vie à venir vous paraît
consolant et doux, pourquoi nous l'arracher ? — Je n'ai
pas cet espoir, parce que le désir ne m'en a point dérobé
la vanité,° mais je ne l'ôte à personne. Si l'on peut croire *wanting it has not con-*
qu'on verra quand on n'aura plus d'yeux, qu'on enten- *cealed its emptiness*
40   dra quand on n'aura plus d'oreilles, qu'on pensera
quand on n'aura plus de tête, qu'on aimera quand on

17 / Lorsque le philosophe parle de « préjugés », il s'agit évidemment de religion. Est-ce que ce mot choque la maréchale ? Quelle est alors son attitude ? Le philosophe distingue en somme deux catégories d'hommes : quelles sont-elles ? Comment le philosophe ridiculise-t-il l'espoir en une autre vie ? Notez le mouvement dans cette partie du dialogue : la maréchale contre-attaque, elle ne peut accepter les conclusions du philosophe et c'est elle qui relance la discussion.

18 / Comment le philosophe rejette-t-il la conception traditionnelle de la création proposée par la maréchale ? Quel rapport y a-t-il entre ce qu'il vient de dire des hommes morts et l'histoire du *serpent du Pérou* ? Que prouve cette anecdote à ses yeux ? Le philosophe semble avoir le dernier mot, il veut prendre congé. Pourquoi la maréchale le retient-elle encore ?

n'aura plus de cœur, qu'on sentira quand on n'aura plus
de sens, qu'on existera quand on ne sera nulle part,
qu'on sera quelque chose sans étendue et sans lieu, j'y
consens.[17] — Mais ce monde-ci qui est-ce qui l'a fait ? —
5 Je vous le demande. — C'est Dieu. — Et qu'est-ce que
Dieu ? — Un esprit. — Si un esprit fait de la matière,
pourquoi de la matière ne ferait-elle pas un esprit ? —
Et pourquoi le ferait-elle ? — C'est que je lui en vois faire
tous les jours. Croyez-vous que les bêtes aient des
10 âmes ? — Certainement je le crois. — Et pourriez-vous
me dire ce que devient, par exemple, l'âme du serpent
du Pérou pendant qu'il se dessèche suspendu dans une
cheminée et exposé à la fumée un ou deux ans de suite ?
— Qu'elle devienne ce qu'elle voudra, qu'est-ce que cela
15 me fait ? — C'est que madame la maréchale ne sait pas
que ce serpent enfumé, desséché, ressuscite et renaît. —
Je n'en crois rien. — C'est pourtant un habile homme,
c'est Bouguer qui l'assure. — Votre habile homme a
menti. — S'il avait dit vrai ? — J'en serais quitte pour
20 croire° que les animaux sont des machines. — Et l'homme
qui n'est qu'un animal un peu plus parfait qu'un autre...[18]
Mais M. le maréchal. — Encore une question et c'est la
dernière. Etes-vous bien tranquille dans votre incrédulité ? — On ne saurait davantage. — Pourtant si vous
25 vous trompiez. — Quand je me tromperais ? — Tout ce
que vous croyez faux serait vrai, et vous seriez damné.
Monsieur Diderot, c'est une terrible chose que d'être
damné ; brûler toute une éternité, c'est bien long. —
La Fontaine croyait que nous nous y ferions comme le
30 poisson dans l'eau. — Oui, oui, mais votre La Fontaine
devint bien sérieux au dernier moment, et c'est où je
vous attends. — Je ne réponds de rien quand ma tête
n'y sera plus ; mais si je finis par une de ces maladies qui
laissent à l'homme agonisant toute sa raison, je ne
35 serai pas plus troublé au moment où vous m'attendez
qu'au moment où vous me voyez. — Cette intrépidité
me confond. — J'en trouve bien davantage au moribond
qui croit en un juge sévère qui pèse jusqu'à nos plus
secrètes pensées, et dans la balance duquel l'homme le
40 plus juste se perdrait par sa vanité, s'il ne tremblait de
se trouver trop léger ; si ce moribond avait alors à son

*At most I'd have to
believe . . .*

19 / Saint Bruno avait eu des difficultés avec un de ses amis qui devint *ivre de son mérite*. La conversation continue sur le ton de la plaisanterie, mais le sujet est sérieux, le ton change de nouveau. Où ce changement de ton est-il sensible ? Quel est l'argument utilisé par le philosophe pour expliquer que son « intrépidité » est naturelle ?

20 / Encore une anecdote. Que prouve-t-elle ?

21 / Chorazin et Bethsaida (au nord de la mer de Galilée) : cf. Matthieu XI, 21 et Luc I, 13. Jésus reproche à ces deux villes de ne l'avoir pas écouté : « Malheur à toi, Chorazin ! Malheur à toi, Bethsaida ! Car si mes puissantes œuvres avaient eu lieu à Tyr et à Sidon comme elles ont eu lieu chez vous, Tyr et Sidon se seraient repenties dans le cilice et dans la cendre. »

choix ou d'être anéanti° ou de se présenter à ce tribunal, *destroyed*
son intrépidité me confondrait bien autrement s'il
balançait à prendre le premier parti, à moins qu'il ne
fût plus insensé que le compagnon de saint Bruno, ou
5 plus ivre de son mérite que Bohola.[19] — J'ai lu l'histoire
de l'associé de saint Bruno, mais je n'ai jamais entendu
parler de votre Bohola. — C'est un jésuite du collège
de Pinsk en Lituanie, qui laissa en mourant une cas-
sette° pleine d'argent avec un billet° écrit et signé de sa *box* | *letter*
10 main. — Et ce billet ? — Etait conçu en ces termes : « Je
prie mon cher confrère dépositaire de cette cassette de
l'ouvrir lorsque j'aurai fait des miracles. L'argent qu'elle
contient servira aux frais du procès de ma béatification.
J'y ai ajouté quelques mémoires authentiques pour la
15 confirmation de mes vertus, et qui pourront servir
utilement à ceux qui entreprendront d'écrire ma vie. »[20]
— Cela est à mourir de rire. — Pour moi, madame la
maréchale, mais pour vous, votre Dieu n'entend pas
raillerie.° — Vous avez raison. — Madame la maréchale, *doesn't like jokes*
20 il est bien facile de pécher grièvement° contre votre loi. *seriously*
— J'en conviens. — La justice qui décidera de votre sort
est bien rigoureuse. — Il est vrai. — Et si vous en croyez
les oracles de votre religion sur le nombre des élus, il
est bien petit. — Oh ! c'est que je ne suis pas janséniste,
25 je ne vois la médaille que par son revers consolant ;° le *I look only at the con-*
soling side of the coin
(lit., medallion)
sang de Jésus-Christ couvre un grand espace à mes yeux,
et il me semblerait très singulier que le diable qui n'a
pas livré son fils à la mort, eût pourtant la meilleure
part. — Damnez-vous Socrate, Phocion, Aristide, Caton,
30 Trajan, Marc Aurèle ? — Fi donc !° il n'y a que des bêtes *Shame!*
féroces qui puissent le penser. Saint Paul dit que chacun
sera jugé par la loi qu'il a connue, et saint Paul a raison.
— Et par quelle loi l'incrédule sera-t-il jugé ? — Votre
cas est un peu différent. Vous êtes un de ces habitants
35 maudits de Corozaïn et de Betzaïda[21] qui fermèrent
leurs yeux à la lumière qui les éclairait, et qui étoupè-
rent° leurs oreilles pour ne pas entendre la voix de la *stopped up*
vérité qui leur parlait. — Madame la maréchale, ces
Corozaïnois et ces Betzaïdains furent des hommes
40 comme il n'y en eut jamais que là, s'ils furent maîtres
de croire ou de ne pas croire. — Ils virent des prodiges

22 / Qu'y a-t-il de curieux dans la façon de parler de la maréchale ? Est-ce important pour le ton du dialogue ?

Les habitants de Corozaïn et de Betzaïda ont refusé de croire aux miracles dont ils étaient témoins. Les habitants de Tyr et de Sidon, dit la maréchale, célèbres pour leur sens du commerce, en auraient profité pour vendre plus cher les sacs et la cendre (symboles de la pénitence.) Pourquoi le philosophe traite-t-il les habitants de Corozaïn et de Betzaïda de « sots » ? Ne devrait-il pas admirer leur « intrépidité », et leur « incrédulité » ? Trouve-t-il que leur comportement est compréhensible ?

qui auraient mis l'enchère aux sacs et à la cendre,° s'ils *made a market for sackcloth and ashes*
avaient été faits à Tyr et à Sidon.—C'est que les habitants
de Tyr et de Sidon étaient des gens d'esprit, et que ceux
de Corozaïn et de Betzaïda n'etaient que des sots.[22] Mais
5 est-ce que celui qui fit les sots les punira pour avoir été
sots ? Je vous ai fait tout à l'heure une histoire, et il me
prend envie de vous en faire un conte. — Faites-moi
votre conte. — Un jeune Mexicain... Mais M. le maré-
chal ? ... — Je vais envoyer savoir s'il est visible.° Eh *free, ready to appear*
10 bien, votre jeune Mexicain ? — Las de son travail, se
promenait un jour au bord de la mer. Il voit une planche
qui trempait d'un bout dans les eaux et qui de l'autre
reposait sur le rivage. Il s'assied sur cette planche, et là
prolongeant ses regards sur la vaste étendue qui se
15 déployait° devant lui, il se disait : « Rien n'est plus vrai *spread out*
que ma grand-mère radote° avec son histoire de je ne *rambles on*
sais quels habitants qui dans je ne sais quel temps
abordèrent ici de je ne sais où, d'une contrée au-delà de
nos mers. Il n'y a pas le sens commun dans ce qu'elle en
20 raconte ; et quand il y aurait le sens commun, ne vois-je
pas la mer confiner° avec le ciel ? Et puis-je croire contre *border on*
le témoignage de mes sens une vieille fable dont on
ignore la date, que chacun arrange à sa manière, et qui
n'est qu'un tissu de circonstances absurdes sur lesquelles
25 ils se mangent le cœur et s'arrachent le blanc des
yeux ? » Tandis qu'il raisonnait ainsi, les eaux agitées le
berçaient° sur sa planche et il s'endormit. Pendant qu'il *rocked, lulled*
dort le vent s'accroît, le flot soulève la planche sur laquelle il est étendu, et voilà notre jeune raisonneur em-
30 barqué. — Hélas ! c'est bien là notre image : nous
sommes chacun sur notre planche, le vent souffle, et le
flot nous emporte. — Il était déjà loin du continent
lorsqu'il s'éveilla. Qui fut bien surpris de se trouver en
pleine mer ? ce fut notre Mexicain. Qui le fut bien
35 davantage ? ce fut encore lui, lorsque ayant perdu de vue
le rivage sur lequel il se promenait il n'y a qu'un instant, la mer lui parut confiner avec le ciel de tous côtés.
Alors il soupçonna qu'il pourrait bien s'être trompé, et
que si le vent restait au même point, peut-être serait-il
40 porté sur la rive et parmi ces habitants dont sa grand-
mère l'avait si souvent entretenu. — Et de son souci° *worry*

23 / Est-il clair dès le début qu'il s'agit d'un conte symbolique ? Que représente le Mexicain ? Où aborde-t-il ? A quel point de vue correspond le raisonnement du Mexicain : celui de la maréchale ? celui du philosophe ?

24 / Le Mexicain croyait-il en l'existence du vieillard ? Qu'est-ce que le vieillard lui reproche ? En quoi l'attitude du vieillard illustre-t-elle l'opinion du philosophe ?

vous ne m'en dites mot. — Il n'en eut point. Il se dit :
« Qu'est-ce que cela me fait, pourvu que j'aborde ?° J'ai
raisonné comme un étourdi,° soit ;° mais j'ai été sincère
avec moi-même, et c'est tout ce qu'on peut exiger de

5   moi. Si ce n'est pas une vertu que d'avoir de l'esprit, ce
n'est pas un crime que d'en manquer. » Cependant le
vent continuait, l'homme et la planche voguaient, et la
rive inconnue commençait à paraître : il y touche, et
l'y voilà. — Nous nous y reverrons un jour, monsieur

10   Diderot. — Je le souhaite, madame la maréchale ; en
quelque endroit que ce soit, je serai toujours très flatté
de vous faire ma cour.[23] A peine eut-il quitté sa planche
et mis le pied sur le sable, qu'il aperçut un vieillard
vénérable debout à ses côtés. Il lui demanda où il était

15   et à qui il avait l'honneur de parler. « Je suis le souverain
de la contrée », lui répondit le vieillard. A l'instant le
jeune homme se prosterna. « Relevez-vous, lui dit le
vieillard. Vous avez nié mon existence. — Il est vrai. —
Et celle de mon empire. — Il est vrai. — Je vous le par-

20   donne, parce que je suis celui qui voit au fond des cœurs,
et que j'ai lu au fond du vôtre que vous étiez de bonne
foi. Mais le reste de vos pensées et de vos actions n'est
pas également innocent. » Alors le vieillard qui le tenait
par l'oreille lui rappelait toutes les erreurs de sa vie, et

25   à chaque article le jeune Mexicain s'inclinait, se frappait
la poitrine et demandait pardon. Là, madame la maréchale, mettez-vous pour un moment à la place du vieillard et dites-moi ce que vous auriez fait. Auriez-vous
pris ce jeune insensé par les cheveux, et vous seriez-vous

30   complue° à le traîner à toute éternité sur le rivage ? —
En vérité non.[24] — Si un de ces six jolis enfants que vous
avez, après s'être échappé de la maison paternelle et
avoit fait force° sottises, y revenait bien repentant. —
Moi, je courrais à sa rencontre, je le serrerais entre mes

35   bras, et je l'arroserais de mes larmes. Mais le maréchal
son père ne prendrait pas la chose si doucement. —
M. le maréchal n'est pas un tigre. — Il s'en faut bien.° —
Il se ferait peut-être un peu tirailler,° mais il pardonne-
rait. — Certainement. — Surtout s'il venait à considérer

40   qu'avant de donner la naissance à cet enfant il en savait
toute la vie, et que le châtiment de ses fautes serait sans

so long as I land

scatterbrain | so be
it; all right

taken pleasure in

many

Far from it.
need a lot of asking

25 / Pourquoi le philosophe suppose-t-il qu'un des enfants de la maréchale pourrait être un « enfant prodigue » ? La fable philosophique n'est-elle pas suffisamment claire ? Qu'est-ce que ce nouvel exemple ajoute au précédent ? Quelle raison particulière Dieu a-t-il d'être indulgent ? Qu'est-ce qui distingue l'idée que se fait la maréchale de la justice et celle que s'en fait le philosophe ?

26 / Saint Nicolas était le patron des marins. Le philosophe et la maréchale arrivent-ils à une sorte de compromis ? Quel nouveau problème est posé par les deux dernières questions de la maréchale ? Au XVIIIème siècle, l'athéisme était officiellement un crime qui pouvait être encore sévèrement puni. Quelles sont les conséquences de la réponse donnée par le philosophe ?

Montrez le chemin parcouru : avec les idées de la fin de l'essai, sommes-nous loin de celles du début ? peut-on dire qu'il y a une conclusion à ce dialogue ? est-il facile d'imaginer qu'il continue ? (Remarquez qu'il n'y a pas de divisions dans le texte.) L'un des interlocuteurs a-t-il convaincu l'autre ? est-il possible de voir dans ce texte un dialogue de l'auteur avec lui-même sous la forme d'un dialogue entre deux personnages fictifs ? êtes-vous devenu sensible à un rythme ? à un ton ? à une certaine fusion de la spéculation philosophique et de la conversation familière ?

aucune utilité ni pour lui-même, ni pour le coupable, ni
pour ses frères. — Le vieillard et M. le maréchal sont
deux. — Vous voulez dire que M. le maréchal est
meilleur que le vieillard. — Dieu m'en garde !° Je veux   *God forbid!*
5   dire que si ma justice n'est pas celle du maréchal, la
justice du maréchal pourrait bien n'être pas celle du
vieillard. — Ah ! madame, vous ne sentez pas les suites°   *realize the consequences*
de cette réponse. Ou la définition générale de la justice
convient également à vous, à M. le maréchal, à moi, au
10 jeune Mexicain et au vieillard, ou je ne sais plus ce que
c'est, et j'ignore comment on plaît ou l'on déplaît à ce
dernier. »[25] Nous en étions là, lorsqu'on nous avertit que
M. le maréchal nous attendait. Je donnai la main à Mme
la maréchale qui me disait : « C'est la bouteille à l'encre,°   *insoluble problem*
15 n'est-ce pas ? — Il est vrai. — Après tout, le plus court est
de se conduire comme si le vieillard existait. — Même
quand on n'y croit pas. — Et quand on y croit, de ne pas
trop compter sur sa miséricorde. — Saint Nicolas, nage
toujours et ne t'y fie pas.° — C'est le plus sûr... A propos,°   *don't count on any-*
20 si vous aviez à rendre compte de vos principes à nos   *thing / By the way*
magistrats, les avoueriez-vous ? — Je ferais de mon
mieux pour leur épargner° une action atroce. — Ah le   *to spare them*
lâche ! Et si vous étiez sur le point de mourir, vous sou-
mettriez-vous° aux cérémonies de l'Eglise ? — Je n'y   *would you submit*
manquerais pas.° — Fi ! le vilain hypocrite ! »[26]   *Without fail*

Alexis de Tocqueville

(1805-1859)

écrivain

homme politique

Alexis de Tocqueville, aristocrate français qui fit un voyage de deux ans en Amérique (1831–1832), est célèbre surtout pour son étude *De la Démocratie en Amérique*, dont est extrait l'essai suivant. L'auteur, qui prévoyait le triomphe de la démocratie sur les anciens régimes d'Europe, pensait aider le développement social de son pays en analysant l'exemple de la démocratie telle qu'il l'avait vue en Amérique. Son livre est ainsi une étude sociologique d'une démocratie naissante et un document historique sur la société américaine en 1832.

A première vue, l'essai semble n'être qu'un traité scientifique au sujet d'un problème bien défini : la condition des tribus indiennes. Tocqueville raconte la destruction physique et culturelle des grandes tribus dans le heurt de deux civilisations dissemblables. Cependant, l'auteur révèle un point de vue assez complexe dans le choix du vocabulaire et dans ses interventions personnelles. Tout en montrant les progrès inévitables d'une civilisation qu'il croit nécessaire, il ne cache pas sa pitié et son horreur devant l'injustice commise contre les Indiens au nom de la civilisation. C'est par cette vision profonde, et par le ton tragique et quelquefois passionné qui exprime le conflit de deux systèmes de valeur, que cette étude dépasse le niveau du récit historique et devient un essai authentique.

1 / William Penn, quaker anglais et fondateur de la Pennsylvanie (1682). Etait-ce pour leur bonheur éventuel que les Lénapes avaient reçu Penn ? Tocqueville suggère-t-il déjà une des raisons de la disparition des Indiens ?

2 / Les Iroquois sont une grande tribu connue surtout pour sa valeur militaire ; comment leur état d'esprit a-t-il changé, selon cette description ?

3 / « Dans les treize Etats originaires, il ne reste plus que 6,373 Indiens. » [Note de Tocqueville]

4 / L'essai commence par une constatation : voilà les faits. Notez l'équilibre de la phrase : ces deux idées montrent-elles que Tocqueville est partagé entre la tentation d'admirer et le devoir de condamner ?

5 / Tocqueville vient de décrire la situation des Indiens vis-à-vis des blancs : maintenant il présente les causes de ce renversement social.

6 / Une opinion est-elle implicitement exprimée dans cette partie de la proposition ?

Les Tribus indiennes

Toutes les tribus indiennes qui habitaient autrefois le territoire de la Nouvelle-Angleterre, les Narragansetts, les Mohikans, les Pecots, ne vivent plus que dans le souvenir des hommes ; les Lénapes, qui reçurent Penn,[1]
5 il y a cent cinquante ans, sur les rives de la Delaware, sont aujourd'hui disparus. J'ai rencontré les derniers des Iroquois :[2] ils demandaient l'aumône.° Toutes les nations que je viens de nommer s'étendaient jadis jusque sur les bords de la mer ; maintenant il faut faire plus de cent
10 lieues dans l'intérieur du continent pour rencontrer un Indien. Ces sauvages n'ont pas seulement reculé, ils sont détruits.[3] A mesure que les indigènes s'éloignent et meurent, à leur place vient et grandit sans cesse un peuple immense. On n'avait jamais vu parmi les nations
15 un développement si prodigieux, ni une destruction si rapide.[4]

Quant à la manière dont cette destruction s'opère, il est facile de l'indiquer.[5]

Lorsque les Indiens habitaient seuls le désert° dont
20 on les exile aujourd'hui,[6] leurs besoins étaient en petit

charity (line 7)

wilderness (line 19)

7 / Notez l'équilibre naturel de cette vie sauvage.

8 / Tocqueville semble évoquer l'idée du *bon sauvage* popularisée par Jean-Jacques Rousseau au 18e siècle. Comparez cette idée avec la description des Cannibales donnée par Montaigne.

9 / La société européenne a bousculé l'ordre écologique de la société indienne. Quelle est l'attitude de Tocqueville envers la simplicité indienne et la civilisation européenne ?

10 / Reprise de la formule paradoxale employée si souvent par Tocqueville lorsqu'il décrit le déclin de la prospérité des Indiens.

11 / Dans ce paragraphe, quels mots et quelles images font sentir l'arrivée d'une invasion ?

nombre ; ils fabriquaient eux-mêmes leurs armes, l'eau des fleuves était leur seule boisson, et ils avaient pour vêtement la dépouille° des animaux dont la chair servait à les nourrir.[7]   *skin*

5   Les Européens ont introduit parmi les indigènes de l'Amérique du Nord les armes à feu, le fer et l'eau-de-vie ; ils leur ont appris à remplacer par nos tissus les vêtements barbares dont la simplicité indienne s'était jusque là contentée.[8] En contractant des goûts nou-

10 veaux, les Indiens n'ont pas appris l'art de les satisfaire, et il leur a fallu recourir à l'industrie des blancs. En retour de ces biens, que lui-même ne savait point créer, le sauvage ne pouvait rien offrir, sinon les riches fourrures que ses bois renfermaient encore. De ce moment,

15 la chasse ne dut pas seulement pourvoir à° ses besoins,   *provide for*
mais encore aux passions frivoles de l'Europe. Il ne poursuivit plus les bêtes des forêts seulement pour se nourrir, mais afin de se procurer les seuls objets d'échange qu'il pût nous donner.[9]

20   Pendant que les besoins des indigènes s'accroissaient° ainsi, leurs ressources ne cessaient de décroître.°[10]   *grew | diminish*

   Du jour où un établissement européen se forme dans le voisinage du territoire occupé par les Indiens, le gibier° prend l'alarme. Des milliers de sauvages, errant   *game*

25 dans les forêts, sans demeures fixes, ne l'effrayaient point ; mais à l'instant où les bruits continus de l'industrie européenne se font entendre en quelque endroit, il commence à fuir et à se retirer vers l'Ouest, où son instinct lui apprend qu'il rencontrera des déserts sans bornes. Les troupeaux de bisons se retirent° sans cesse,   *recede*

30 disent MM. Gass et Clark dans leur rapport au congrès, 4 février 1829 ; il y a quelques années, ils s'approchaient encore du pied des Alléghanys ; dans quelques années, il sera peut-être difficile d'en voir sur les plaines im-

35 menses qui s'étendent le long des montagnes Rocheuses. On m'a assuré que cet effet de l'approche des blancs se faisait souvent sentir à deux cents lieues de leur frontière. Leur influence s'exerce ainsi sur des tribus dont ils savent à peine le nom, et qui souffrent les maux de

40 l'usurpation longtemps avant d'en connaître les auteurs.[11]

12 / D'après le reste du paragraphe, et aussi d'après ce qui précède, comment expliqueriez-vous les épithètes d'*homme civilisé* et de *barbarie* ?

13 / Quelles sont les deux structures économiques que l'auteur fait contraster ici ?

14 / Résumez le processus qui montre comment la situation des Indiens empire peu à peu. Comment les Indiens sont-ils pris dans un cercle vicieux ?

Où trouvez-vous des changements de ton qui suggèrent les attitudes variées de l'auteur ? Tocqueville énumère des faits, décrit des situations d'une manière objective ; mais il porte aussi des jugements plus ou moins implicites. Sentez-vous ici une certaine ironie ? Comment l'interprétez-vous : détachement amusé ? indignation contenue ?

Bientôt de hardis aventuriers pénètrent dans les contrées indiennes ; ils s'avancent à quinze ou vingt lieues de l'extrême frontière des blancs, et vont bâtir la demeure de l'homme civilisé au milieu même de la
5 barbarie.[12] Il leur est facile de le faire : les bornes du territoire d'un peuple chasseur sont mal fixées. Ce territoire d'ailleurs appartient à la nation tout entière et n'est précisément la propriété de personne ; l'intérêt individuel n'en défend donc aucune partie.

10 Quelques familles européennes, occupant des points fort éloignés, achèvent alors de chasser sans retour les animaux sauvages de tout l'espace intermédiaire qui s'étend entre elles. Les Indiens, qui avaient vécu jusque-là dans une sorte d'abondance, trouvent difficilement à
15 subsister, plus difficilement encore à se procurer les objets d'échange dont ils ont besoin. En faisant fuir leur gibier, c'est comme si on frappait de stérilité les champs de nos cultivateurs.[13] Bientôt les moyens d'existence leur manquent presque entièrement. On rencontre
20 alors ces infortunés rôdant° comme des loups affamés° — *prowling | starving*
au milieu de leurs bois déserts. L'amour instinctif de la patrie les attache au sol qui les a vu naître, et ils n'y trouvent plus que la misère et la mort. Ils se décident enfin ; ils partent, et suivant de loin dans sa fuite l'élan,° — *antelope*
25 le buffle° et le castor,° ils laissent à ces animaux sauvages — *buffalo | beaver*
le soin de leur choisir une nouvelle patrie. Ce ne sont donc pas, à proprement parler, les Européens qui chassent les indigènes de l'Amérique, c'est la famine ; heureuse distinction qui avait échappé aux anciens ca-
30 suistes° et que les docteurs° modernes ont découverte.[14] — *subtle reasoners | scholars*

On ne saurait se figurer les maux affreux qui accompagnent ces émigrations forcées. Au moment où les Indiens ont quitté leurs champs paternels, déjà ils étaient épuisés et réduits. La contrée où ils vont fixer
35 leur séjour est occupée par des peuplades qui ne voient qu'avec jalousie les nouveaux arrivants. Derrière eux est la faim, devant eux la guerre, partout la misère. Afin d'échapper à tant d'ennemis ils se divisent. Chacun d'eux cherche à s'isoler pour trouver furtivement les
40 moyens de soutenir son existence, et vit dans l'immen-
sité des déserts comme le proscrit° dans le sein des° — *outlaw | in the midst of*

15 / L'auteur s'intéresse toujours à la structure sociale. Sa « sociologie »
est-elle neutre, ou pouvez-vous discerner de la sympathie dans
cette description ?

16 / Notez l'intervention de l'auteur ; il affirme la vérité historique de son
témoignage, et annonce une anecdote personnelle.

17 / Ce paragraphe aide-t-il à comprendre l'attitude de l'auteur et à
interpréter l'ensemble du texte ? Comment le choix des détails et le
choix des mots contribue-t-il à créer un effet pathétique ?

sociétés civilisées. Le lien social depuis longtemps affaibli
se brise alors. Il n'y avait déjà plus pour eux de patrie,
bientôt il n'y aura plus de peuple ; à peine s'il restera des
familles ; le nom commun se perd, la langue s'oublie, les
5 traces de l'origine disparaissent. La nation a cessé
d'exister. Elle vit à peine dans le souvenir des antiquaires
américains et n'est connue que de quelques érudits°   *scholars*
d'Europe.[15]

Je ne voudrais pas que le lecteur pût croire que je
10 charge° ici mes tableaux. J'ai vu de mes propres yeux   *exaggerate*
plusieurs des misères que je viens de décrire ; j'ai
contemplé des maux qu'il me serait impossible de
retracer.[16]

A la fin de l'année 1831, je me trouvais sur la rive
15 gauche du Mississippi, à un lieu nommé par les Européens Memphis. Pendant que j'étais en cet endroit, il y vint
une troupe nombreuse de Choctaws (les Français de la
Louisiane les nomment Chactas) ; ces sauvages quit-
taient leur pays et cherchaient à passer sur la rive droite
20 du Mississippi, où ils se flattaient de trouver un asile que
le gouvernement américain leur promettait. On était
alors au cœur de l'hiver, et le froid sévissait cette
année-là avec une violence inaccoutumée ; la neige
avait durci sur la terre, et le fleuve charriait° d'énormes   *carried along*
25 glaçons. Les Indiens menaient avec eux leurs familles ;
ils traînaient à la suite des blessés, des malades, des enfants qui venaient de naître, et des vieillards qui allaient
mourir. Ils n'avaient ni tentes ni chariots, mais seulement
quelques provisions et des armes. Je les vis s'embarquer
30 pour traverser le grand fleuve, et ce spectacle solennel
ne sortira jamais de ma mémoire. On n'entendait parmi
cette foule assemblée ni sanglots° ni plaintes ; ils se   *sobs*
taisaient. Leurs malheurs étaient anciens et ils les
sentaient irrémédiables. Les Indiens étaient déjà tous
35 entrés dans le vaisseau qui devait les porter ; leurs chiens
restaient encore sur le rivage ; lorsque ces animaux virent
enfin qu'on allait s'éloigner pour toujours, ils poussèrent
ensemble d'affreux hurlements,° et s'élançant à la fois   *howling*
dans les eaux glacées du Mississipi, ils suivirent leurs
40 maîtres à la nage.[17]

La dépossession des Indiens s'opère souvent de nos

18 / Notez le changement de ton. Le point de vue adopté maintenant est-il le même ? De quoi était-il question dans les deux paragraphes précédents ?

19 / Analysez ce qu'il ya a de prometteur et de menaçant dans ce discours hypocrite et cruel.

20 / Commentez la valeur de ces « richesses ». Comment le choix des offrandes révèle-t-il l'attitude des Européens envers les Indiens ?

21 / Expliquez la signification de ces deux groupes de mots contrastant l'un avec l'autre.

22 / Il est d'abord question de la « population européenne » puis du « gouvernement des Etats-Unis », des « blancs », puis des « Américains » : comment interprétez-vous ce choix plus ou moins conscient de mots ? Tocqueville dégage-t-il ainsi sa responsabilité (n'oubliez pas que c'est un Européen qui parle) ?

23 / « Le 19 mai 1830, M. Ed. Everett affirmait devant la chambre des représentants que les Américains avaient déjà acquis par traité, à l'est et à l'ouest du Mississippi, 230,000,000 d'acres. En 1808, les Osages cédèrent 48,000,000 d'acres pour une rente [*income*] de 1,000 dollars. En 1818, les Quapaws cédèrent 20,000,000 d'acres pour 4,000 dollars ; ils s'étaient réservé un territoire de 1,000,000 d'acres afin d'y chasser. Il avait été solennellement juré qu'on le respecterait ; mais il n'a pas tardé à être [*it (the land) was soon*] envahi comme le reste.

« Afin de nous approprier les terres désertes dont les Indiens réclament la propriété, disait M. Bell, rapporteur du comité des affaires indiennes au congrès, le 24 février 1830, nous avons adopté l'usage de payer aux tribus indiennes ce que vaut leur pays de chasse [*hunting ground*] après que le gibier a fui ou a été détruit. Il est plus avantageux et certainement plus conforme aux règles de la justice et plus humain d'en agir ainsi, que de s'emparer à main armée du territoire des sauvages.

« L'usage d'acheter aux Indiens leur titre de propriété n'est donc autre chose qu'un nouveau mode d'acquisition que l'humanité et l'intérêt [*humanity and expediency*] ont substitué à la violence, et qui doit également nous rendre maîtres des terres que nous réclamons en vertu de la découverte, et que nous assure d'ailleurs le droit qu'ont les nations civilisées de s'établir sur le territoire occupé par les tribus sauvages.

« Jusqu'à ce jour, plusieurs causes n'ont cessé de diminuer aux yeux des Indiens le prix du sol qu'ils occupent, et ensuite les mêmes causes les ont portés à nous le vendre sans peine. L'usage d'acheter aux sauvages leur droit d'occupant [*right of occupancy*] n'a donc jamais pu retarder, dans un degré perceptible, la prospérité des Etats-Unis. » [Note de Tocqueville]

24 / Une nouvelle étape dans le développement de l'auteur commence ici.

jours d'une manière régulière et pour ainsi dire toute légale.[18]

Lorsque la population européenne commence à s'approcher du désert occupé par une nation sauvage, le gouvernement des Etats-Unis envoie communément à cette dernière une ambassade solennelle ; les blancs assemblent les Indiens dans une grande plaine, et après avoir mangé et bu avec eux, ils leur disent : « Que faites-vous dans le pays de vos pères ? Bientôt il vous faudra déterrer° leurs os pour vivre. En quoi la contrée que vous habitez vaut-elle mieux qu'une autre ? N'y a-t-il des bois, des marais° et des prairies que là où vous êtes, et ne sauriez-vous vivre que sous votre soleil ? Au delà de ces montagnes que vous voyez à l'horizon, par delà ce lac qui borde à l'ouest votre territoire, on rencontre de vastes contrées où les bêtes sauvages se trouvent encore en abondance ; vendez-nous vos terres et allez vivre heureux dans ces lieux-là. »[19] Après avoir tenu ce discours, on étale° aux yeux des Indiens des armes à feu, des vêtements de laine, des barriques d'eau-de-vie,° des colliers de verre, des bracelets d'étain,° des pendants d'oreilles° et des miroirs.[20] Si, à la vue de toutes ces richesses, ils hésitent encore, on leur insinue qu'ils ne sauraient refuser le consentement qu'on leur demande, et que bientôt le gouvernement lui-même sera impuissant pour leur garantir la jouissance de leurs droits. Que faire ? A demi convaincus, à moitié contraints,°[21] les Indiens s'éloignent ; ils vont habiter de nouveaux déserts où les blancs ne les laisseront pas dix ans en paix. C'est ainsi que les Américains[22] acquièrent à vil prix des provinces entières, que les plus riches souverains de l'Europe ne sauraient payer.[23]

Je viens de retracer de grands maux, j'ajoute qu'ils me paraissent irrémédiables. Je crois que la race indienne de l'Amérique du Nord est condamnée à périr, et je ne puis m'empêcher de penser° que le jour où les Européens se seront établis sur les bords de l'océan Pacifique, elle aura cessé d'exister.[24]

Les Indiens de l'Amérique du Nord n'avaient que deux voies de salut : la guerre ou la civilisation ; en

25 / Tocqueville avait-il raison ? Que savez-vous des systèmes admini-
stratifs, établis par le gouvernement, relatifs aux Indiens (e.g. le
Bureau des Affaires indiennes) et des plaintes des Indiens modernes
contre un gouvernement qui détiendrait leur territoire ancestral ?
Quels efforts de réparation fait-on de nos jours ? Une réparation
totale est-elle possible ? Que pensez-vous des deux voies de salut
mentionnées par Tocqueville en 1835 ?

26 / La destruction des Indiens est-elle donc méritée ? Tocqueville
critique-t-il maintenant le caractère indien ?

27 / Commentez cette définition de la civilisation. Est-elle la nôtre ?
Les avantages dont nous jouissons de nos jours (dans les domaines
de la médecine, de l'éducation, du confort, du libre choix d'une
profession, etc.) sont-ils le résultat d'une société stable ? Doit-on «
civiliser » les Indiens ? Montaigne serait-il du même avis, ou
trouverait-il d'autres critères ?

28 / Expliquez ce contraste symbolique.

d'autres termes, il leur fallait détruire les Européens ou devenir leurs égaux.[25]

A la naissance des colonies, il leur eût été possible, en unissant leurs forces, de se délivrer du petit nombre
5 d'étrangers qui venaient d'aborder sur les rivages du continent. Plus d'une fois ils ont tenté de le faire et se sont vus sur le point d'y réussir. Aujourd'hui la disproportion des ressources est trop grande pour qu'ils puissent songer à une pareille entreprise. Il s'élève°   *There arise*
10 encore cependant, parmi les nations indiennes, des hommes de génie qui prévoient le sort° final réservé aux   *fate* populations sauvages et cherchent à réunir toutes les tribus dans la haine commune des Européens ; mais leurs efforts sont impuissants. Les peuplades qui avoisinent
15 les blancs sont déjà trop affaiblies pour offrir une résistance efficace ; les autres, se livrant° à cette insouciance°   *yielding | casual-* puérile du lendemain qui caractérise la nature sauvage,[26]   *ness about* attendent que le danger se présente pour s'en occuper ; les unes ne peuvent, les autres ne veulent point agir.
20   Il est facile de prévoir que les Indiens ne voudront jamais se civiliser, ou qu'ils l'essaieront trop tard, quand ils viendront à le vouloir.

La civilisation est le résultat d'un long travail social qui s'opère dans un même lieu, et que les différentes
25 générations se lèguent° les unes aux autres en se succé-   *bequeath* dant.° Les peuples chez lesquels la civilisation parvient   *in succession* le plus difficilement à fonder son empire sont les peuples chasseurs.[27] Les tribus de pasteurs changent de lieux, mais elles suivent toujours dans leurs migrations
30 un ordre régulier, et reviennent sans cesse sur leurs pas ; la demeure des chasseurs varie comme celle des animaux mêmes qu'ils poursuivent.

Plusieurs fois on a tenté de faire pénétrer les lumiè-res° parmi les Indiens en leur laissant leurs mœurs   *enlightment*
35 vagabondes ; les jésuites l'avaient entrepris dans le Canada, les puritains dans la Nouvelle-Angleterre. Les uns et les autres n'ont rien fait de durable. La civilisation naissait sous la hutte et allait mourir dans les bois.[28] La grande faute de ces législateurs des Indiens était de
40 ne pas comprendre que, pour parvenir à civiliser un peuple, il faut avant tout obtenir qu'il se fixe, et il ne

29 / Notez le ton ironique. Tocqueville n'a-t-il plus de sympathie pour les Indiens ?

30 / Tocqueville a-t-il un autre but que celui de faire une rapprochement facile quand il compare les idées des sauvages aux anciens préjugés de l'Europe ? Quel est le but du livre entier ? (Voir l'introduction à ce texte.)

31 / *De la démocratie en Amérique.*

saurait le faire qu'en cultivant le sol ;° il s'agissait donc *soil*
d'abord de rendre les Indiens cultivateurs.

Non seulement les Indiens ne possèdent pas ce
préliminaire indispensable de la civilisation, mais il
5 leur est très difficile de l'acquérir.

Les hommes qui se sont une fois livrés à la vie oisive
et aventureuse des chasseurs sentent un dégoût presque
insurmontable' pour les travaux constants et réguliers
qu'exige la culture. On peut s'en apercevoir au sein
10 même de nos sociétés ; mais cela est bien plus visible
encore chez les peuples pour lesquels les habitudes de
chasse sont devenues des coutumes nationales.

Indépendamment de cette cause générale, il en est
une non moins puissante et qui ne se rencontre que chez
15 les Indiens. Je l'ai déjà indiquée ; je crois devoir y revenir.

Les indigènes de l'Amérique du Nord ne considèrent
pas seulement le travail comme un mal, mais comme un
déshonneur, et leur orgueil lutte contre la civilisation
presque aussi obstinément que leur paresse.

20 Il n'y a point d'Indien si misérable qui, sous sa
hutte d'écorce,° n'entretienne une superbe idée de sa *bark*
valeur individuelle ; il considère les soins de l'industrie
comme des occupations avilissantes ;° il compare le *degrading*
cultivateur au bœuf qui trace un sillon,° et dans chacun *furrow*
25 de nos arts il n'aperçoit que des travaux d'esclaves. Ce
n'est pas qu'il n'ait conçu une très haute idée du pouvoir
des blancs et de la grandeur de leur intelligence ; mais,
s'il admire le résultat de nos efforts, il méprise les
moyens qui nous l'ont fait obtenir, et, tout en subissant
30 notre ascendant,° il se croit encore supérieur à nous. La *even while submitting to our superior power*
chasse et la guerre lui semblent les seuls soins dignes
d'un homme. L'Indien, au fond de la misère de ses bois,
nourrit donc les mêmes idées, les mêmes opinions que
le noble du moyen âge dans son château fort, et il ne lui
35 manque, pour achever de lui ressembler, que de devenir
conquérant.[29] Ainsi, chose singulière !° c'est dans les *remarkable*
forêts du nouveau monde, et non parmi les Européens
qui peuplent ses rivages, que se retrouvent aujourd'hui
les anciens préjugés de l'Europe.[30]
40 J'ai cherché plus d'une fois, dans le cours de cet
ouvrage,[31] à faire comprendre l'influence prodigieuse

32 / Historien romain qui a écrit, entre autres ouvrages, *Les Mœurs des Germains.*

33 / Tocqueville introduit sa critique du système féodal européen par la critique d'une nation éloignée. Ce paragraphe est-il une digression ? Comment cette première comparaison est-elle utile pour introduire une critique du système européen ?

34 / Nouvelle étape dans le raisonnement de Tocqueville : il y a des exceptions à cette règle selon laquelle les Indiens ne peuvent devenir ni « cultivateurs » ni « civilisés ».

que me paraissait exercer l'état social sur les lois et les mœurs des hommes. Qu'on me permette d'ajouter à ce sujet un seul mot.

Lorsque j'aperçois la ressemblance qui existe entre
5 les institutions politiques de nos pères, les Germains, et celles des tribus errantes de l'Amérique du Nord, entre les coutumes retracées par Tacite,[32] et celles dont j'ai pu quelquefois être le témoin, je ne saurais m'empêcher de penser que la même cause a produit, dans les deux
10 hémisphères, les mêmes effets, et qu'au milieu de la diversité apparente des choses humaines, il n'est pas impossible de retrouver un petit nombre de faits générateurs° dont tous les autres découlent.° Dans tout   *causes generating facts* / *are derived* ce que nous nommons les institutions germaines, je suis
15 donc tenté de ne voir que des habitudes de barbares, et des opinions de sauvages dans ce que nous appelons les idées féodales.[33]

Quels que soient les vices et les préjugés qui empêchent les Indiens de l'Amérique du Nord de devenir
20 cultivateurs et civilisés, quelquefois la nécessité les y oblige.[34]

Plusieurs nations considérables du Sud, entre autres, celles des Cherokees et des Creeks, se sont trouvées comme enveloppées par les Européens, qui, débarquant
25 sur les rivages de l'Océan, descendant l'Ohio et remontant le Mississipi, arrivaient à la fois autour d'elles. On ne les a point chassées de place en place, ainsi que les tribus du Nord, mais on les a resserrées° peu à peu dans   *confined* des limites trop étroites, comme des chasseurs font
30 d'abord l'enceinte d'un taillis° avant de pénétrer simul-   *enclose a thicket* tanément dans l'intérieur. Les Indiens, placés alors entre la civilisation et la mort, se sont vus réduits à vivre honteusement de leur travail comme les blancs ; ils sont devenus cultivateurs ; et sans quitter entièrement ni
35 leurs habitudes, ni leurs mœurs, en ont sacrifié ce qui était absolument nécessaire à leur existence.

Les Cherokees allèrent plus loin ; ils créèrent une langue écrite, établirent une forme assez stable de gouvernement ; et, comme tout marche d'un pas pré-
40 cipité dans le nouveau monde, ils eurent un journal avant d'avoir tous des habits.°   *clothes*

35 / Quel préjugé se fait jour à travers cette image d'une « ascension »
culturelle ?

36 / Comme l'homme européen vis-à-vis des Indiens de l'Amérique.

37 / Quel passage situé au début de l'essai cette dernière phrase
reprend-elle ? Le paragraphe tout entier est-il une digression ?

38 / Comment cette phrase résume-t-elle le raisonnement qui précède ?

Ce qui a singulièrement favorisé le développement rapide des habitudes européennes chez ces Indiens a été la présence des métis.° Participant aux lumières de son père sans abandonner entièrement les coutumes sauvages de sa race maternelle, le métis forme le lien naturel entre la civilisation et la barbarie. Partout où les métis se sont multipliés, on a vu les sauvages modifier peu à peu leur état social et changer leurs mœurs.

half-breed

Le succès des Cherokees prouve donc que les Indiens ont la faculté de se civiliser, mais il ne prouve nullement qu'ils puissent y réussir.

Cette difficulté que trouvent les Indiens à se soumettre à la civilisation naît d'une cause générale à laquelle il leur est presque impossible de se soustraire.

Si l'on jette un regard attentif sur l'histoire, on découvre qu'en général les peuples barbares se sont élevés peu à peu d'eux-mêmes, et par leurs propres efforts, jusqu'à la civilisation.[35]

Lorsqu'il leur est arrivé d'aller puiser° la lumière chez une nation étrangère, ils occupaient alors vis-à-vis d'elle le rang de vainqueurs, et non la position de vaincus.

take, derive

Lorsque le peuple conquis est éclairé° et le peuple conquérant à demi sauvage, comme dans l'invasion de l'Empire romain par les nations du Nord, ou dans celle de la Chine par les Mongols, la puissance que la victoire assure au barbare suffit pour le tenir au niveau de l'homme civilisé et lui permettre de marcher son égal, jusqu'à ce qu'il devienne son émule ;° l'un a pour lui la force, l'autre l'intelligence ; le premier admire les sciences et les arts des vaincus, le second envie le pouvoir des vainqueurs. Les barbares finissent par introduire l'homme policé,° dans leur palais, et l'homme policé leur ouvre à son tour ses écoles. Mais quand celui qui possède la force matérielle jouit en même temps de la prépondérance intellectuelle,[36] il est rare que le vaincu se civilise ; il se retire ou est détruit.[37]

enlightened

imitator

civilized

C'est ainsi qu'on peut dire d'une manière générale que les sauvages vont chercher la lumière les armes à la main, mais qu'ils ne la reçoivent pas.[38]

Si les tribus indiennes qui habitent maintenant le

39 / Qui restent « à moitié barbares » ?

40 / Analysez le ton sombre et les oppositions de mots et d'idées dans cette phrase. Selon vous, cette opposition constante indique-t-elle une pensée qui cherche à comprendre ou à juger ?

41 / L'auteur vient d'insister longuement sur les raisons historiques et sociologiques qui rendent l'avenir très sombre pour les Indiens. Il va maintenant insister de nouveau sur la situation présente des Indiens. Notez l'effet de cette phrase brève et isolée.

42 / Analysez le choix des mots descriptifs qui soulignent le contraste entre ces deux façons de vivre.

centre du continent pouvaient trouver en elles-mêmes
assez d'énergie pour entreprendre° de se civiliser, elles   *undertake*
y réussiraient peut-être. Supérieures alors aux nations
barbares qui les environneraient,° elles prendraient peu   *surround*
5 à peu des forces et de l'expérience, et, quand les Européens paraîtraient enfin sur leurs frontières, elles
seraient en état, sinon de maintenir leur indépendance,
du moins de faire reconnaître leurs droits au sol° et de   *soil*
s'incorporer aux vainqueurs. Mais le malheur des
10 Indiens est d'entrer en contact avec le peuple le plus
civilisé, et j'ajouterai le plus avide° du globe, alors qu'ils   *greedy*
sont encore eux-mêmes à moitié barbares,[39] de trouver
dans leurs instituteurs des maîtres, et de recevoir à la
fois l'oppression et la lumière.[40]

15   Vivant au sein de la liberté des bois, l'Indien de
l'Amérique du Nord était misérable, mais il ne se sentait
inférieur à personne : du moment où il veut pénétrer
dans la hiérarchie sociale des blancs, il ne saurait y
occuper que le dernier rang ; car il entre ignorant et
20 pauvre dans une société où règnent la science et la
richesse. Après avoir mené une vie agitée, pleine de
maux et de dangers, mais en même temps remplie
d'émotions et de grandeur, il lui faut se soumettre à une
existence monotone, obscure et dégradée. Gagner par
25 de pénibles° travaux et au milieu de l'ignominie le pain   *painful*
qui doit le nourrir, tel est à ses yeux l'unique résultat
de cette civilisation qu'on lui vante.°   *boast*

  Et ce résultat même, il n'est pas toujours sûr de
l'obtenir.[41]

30   Lorsque les Indiens entreprennent d'imiter les
Européens leurs voisins, et de cultiver comme ceux-ci
la terre, ils se trouvent aussitôt exposés aux effets d'une
concurrence° très funeste. Le blanc est maître des secrets   *competition*
de l'agriculture. L'Indien débute grossièrement° dans   *crudely*
35 un art qu'il ignore. L'un fait croître° sans peine de grandes   *grow*
moissons,° l'autre n'arrache des fruits à la terre qu'avec   *harvests*
mille efforts.[42]

  L'Européen est placé au milieu d'une population
dont il connaît et partage les besoins.

40   Le sauvage est isolé au milieu d'un peuple ennemi
dont il connaît incomplètement les mœurs, la langue et

43 / La tentative d'assimilation est donc un échec. Résumez le raisonnement de l'auteur.

44 / Le raisonnement général de Tocqueville suit la comparaison du
système social avec l'homme.

les lois, et dont pourtant il ne saurait se passer. Ce n'est qu'en échangeant ses produits contre ceux des blancs qu'il peut trouver l'aisance,° car ses compatriotes ne lui sont plus que d'un faible secours.

comfort

5   Ainsi donc, quand l'indien veut vendre les fruits de ses travaux, il ne trouve pas toujours l'acheteur que le cultivateur européen découvre sans peine, et il ne saurait produire qu'à grands frais° ce que l'autre livre à bas prix.

at great expense

10   L'Indien ne s'est donc soustrait° aux maux auxquels sont exposées les nations barbares que pour se soumettre aux plus grandes misères des peuples policés, et il rencontre presque autant de difficultés à vivre au sein de notre abondance qu'au milieu de ses forêts.

escaped

15   Chez lui, cependant, les habitudes de la vie errante ne sont pas encore détruites. Les traditions n'ont pas perdu leur empire ; le goût de la chasse n'est pas éteint. Les joies sauvages qu'il a éprouvées° jadis° au fond des bois se peignent alors avec de plus vives couleurs à son

20 imagination troublée ; les périls qu'il y rencontrait moins grands. L'indépendance dont il jouissait chez ses égaux contraste avec la position servile qu'il occupe dans une société civilisée.

felt / formerly

    D'un autre côté, la solitude dans laquelle il a si
25 longtemps vécu libre est encore près de lui ; quelques heures de marche peuvent la lui rendre. Du champ à moitié défriché° il tire à peine de quoi se nourrir,° les blancs ses voisins lui offrent un prix qui lui semble élevé. Peut-être cet argent que lui présentent les Euro-
30 péens lui permettrait-il de vivre heureux et tranquille loin d'eux. Il quitte la charrue,° reprend ses armes, et rentre pour toujours au désert.[43]

cleared, tilled / scarcely gets enough to eat

plow

    On peut juger de la vérité de ce triste tableau par ce qui se passe chez les Creeks et les Cherokees, que j'ai
35 cités.

    Ces Indiens, dans le peu qu'ils ont fait, ont assurément montré autant de génie naturel que les peuples de l'Europe dans leurs plus vastes entreprises ; mais les nations, comme les hommes,[44] ont besoin de temps pour
40 apprendre, quels que soient leur intelligence et leurs efforts.

45 / Qu'y a-t-il de surprenant dans cette image ?

46 / Nouvelle étape dans le développement de Tocqueville. Laquelle ?

47 / « En 1829, l'Etat d'Alabama divise le territoire des Creeks en comtés, et soumet la population indienne à des magistrats européens. En 1830, l'Etat du Mississippi assimile les Choctaws et les Chickasaws aux blancs, et déclare que ceux d'entre eux qui prendront le titre de chef seront punis de 1,000 dollars d'amende et d'un an de prison. » [Note de Tocqueville]

Pendant que ces sauvages travaillaient à se civiliser, les Européens continuaient à les envelopper de toutes parts et à les resserrer° de plus en plus. Aujourd'hui, les deux races se sont enfin rencontrées ; elles se touchent.

5 L'Indien est déjà devenu supérieur à son père le sauvage, mais il est encore fort inférieur au blanc son voisin. A l'aide de leurs ressources et de leurs lumières, les Européens n'ont pas tardé à s'approprier la plupart des avantages que la possession du sol pouvait fournir aux

10 indigènes ; ils se sont établis au milieu d'eux, se sont emparés de° la terre ou l'ont achetée à vil prix, et les ont ruinés par une concurrence que ces derniers ne pouvaient en aucune façon soutenir.° Isolés dans leur propre pays, les Indiens n'ont plus formé qu'une petite colonie

15 d'étrangers incommodes° au milieu d'un peuple nombreux et dominateur.[45]

Washington avait dit, dans un de ses messages au congrès : « Nous sommes plus éclairés° et plus puissants que les nations indiennes ; il est de notre honneur de les

20 traiter avec bonté et même avec générosité.»

Cette noble et vertueuse politique n'a point été suivie.[46]

A l'avidité des colons° se joint d'ordinaire la tyrannie du gouvernement. Quoique les Cherokees et les

25 Creeks soient établis sur le sol qu'ils habitaient avant l'arrivée des Européens, bien que les Américains aient souvent traité avec eux comme des nations étrangères, les Etats au milieu desquels ils se trouvent n'ont point voulu les reconnaître pour des peuples indépendants, et

30 ils ont entrepris de soumettre ces hommes, à peine sortis des forêts, à leurs magistrats, à leurs coutumes et à leurs lois.[47] La misère avait poussé ces Indiens infortunés vers la civilisation, l'oppression les repousse aujourd'hui vers la barbarie. Beaucoup d'entre eux,

35 quittant leurs champs à moitié défrichés,° reprennent l'habitude de la vie sauvage.

Si l'on fait attention aux mesures tyranniques adoptées par les législateurs des Etats du Sud, à la conduite de leurs gouverneurs et aux actes de leurs tri-

40 bunaux, on se convaincra aisément que l'expulsion complète des Indiens est le but final où tendent simul-

squeeze, restrict

seized

withstand

inconvenient

enlightened

colonists

half-cleared fields

48 / En quoi l'attitude du gouvernement fédéral diffère-t-elle de celle des états ?

tanément tous leurs efforts. Les Américains de cette
partie de l'Union voient avec jalousie les terres que
possèdent les indigènes ; ils sentent que ces derniers
n'ont point encore complètement perdu les traditions
5 de la vie sauvage, et avant que la civilisation les ait
solidement attachés au sol, ils veulent les réduire au
désespoir et les forcer à s'éloigner.

Opprimés par les Etats particuliers, les Creeks et les
Cherokees se sont adressés au gouvernement central.
10 Celui-ci n'est point insensible à leurs maux, il voudrait
sincèrement sauver les restes des indigènes et leur
assurer la libre possession du territoire que lui-même
leur a garantie ; mais quand il cherche à exécuter ce
dessein, les Etats particuliers lui opposent une résistance
15 formidable, et alors il se résout° sans peine à laisser   *decides*
périr quelques tribus sauvages déjà à moitié détruites,
pour ne pas mettre l'Union américaine en danger.

Impuissant à protéger les Indiens, le gouvernement
fédéral voudrait au moins adoucir leur sort ; dans ce but,
20 il a entrepris de les transporter à ses frais dans d'autres
lieux.

Entre les 33° et 37° degrés de latitude nord, s'étend
une vaste contrée qui a pris le nom d'Arkansas, du fleuve
principal qui l'arrose. Elle borne d'un côté les frontières
25 du Mexique, de l'autre les rives du Mississipi. Une
multitude de ruisseaux et de rivières la sillonnent° de   *furrow*
tous côtés, le climat en est doux et le sol fertile. On n'y
rencontre que quelques hordes errantes de sauvages.
C'est dans la portion de ce pays, qui avoisine° le plus le   *borders on*
30 Mexique, et à une grande distance des établissements
américains, que le gouvernement de l'union veut transporter les débris des populations indigènes du Sud.[48]

A la fin de l'année 1831, on nous a assuré que 10,000
Indiens avaient déjà été descendus sur les rivages de
35 l'Arkansas ; d'autres arrivaient chaque jour. Mais le
congrès n'a pu créer encore une volonté unanime parmi
ceux dont il veut régler le sort : les uns consentent avec
joie à s'éloigner du foyer° de la tyrannie ; les plus éclairés   *home*
refusent d'abandonner leurs moissons naissantes et
40 leurs nouvelles demeures ; ils pensent que si l'œuvre de
la civilisation vient à s'interrompre, on ne la reprendra

49 / « On trouve, dans le traité fait avec les Creeks en 1790, cette clause :
« Les Etats-Unis garantissent solennellement à la nation des Creeks
toutes les terres qu'elle possède dans le territoire de l'Union. »

Le traité conclu en juillet 1791 avec les Cherokees contient ce qui
suit : « Les Etats-Unis garantissent solennellement à la nation des
Cherokees toutes les terres qu'elle n'a point précédemment cédées.
S'il arrivait qu'un citoyen des Etats-Unis, ou tout autre qu'un Indien,
vînt s'établir sur le territoire des Cherokees, les Etats-Unis déclarent
qu'ils retirent à ce citoyen leur protection, et qu'ils le livrent à la
nation des Cherokees pour le punir comme bon lui semblera [*as
they please*]. » Art. 8. [Note de Tocqueville]

50 / Pour quelles raisons les Indiens « les plus éclairés » refusent-ils de
partir pour l'Arkansas ?

51 / Après avoir montré comment les pouvoirs combinés de l'Union et
des Etats chassent irrésistiblement les Indiens de leurs territoires,
Tocqueville passe à l'accusation historique des Indiens.

52 / « Le 18 novembre 1829. Ce morceau est traduit textuellement. »
[Note de Tocqueville]

plus ; ils craignent que les habitudes sédentaires,° à *stable, stationary*
peine contractées,° ne se perdent sans retour au milieu *acquired.*
de pays encore sauvages, et où rien n'est préparé pour
la subsistance d'un peuple cultivateur ; ils savent qu'ils
5 trouveront dans ces nouveaux déserts les hordes enne-
mies, et pour leur résister ils n'ont plus l'énergie de la
barbarie, sans avoir encore acquis les forces de la civilisation. Les Indiens découvrent d'ailleurs sans peine tout
ce qu'il y a de provisoire° dans l'établissement qu'on leur *temporary*
10 propose. Qui leur assurera qu'ils pourront enfin reposer
en paix dans leur nouvel asile ?° Les Etats-Unis s'en- *shelter*
gagent à les y maintenir ; mais le territoire qu'ils occupent maintenant leur avait été garanti jadis par les
serments° les plus solennels.[49] Aujourd'hui le gouverne- *oaths*
15 ment américain ne leur ôte° pas, il est vrai, leurs terres, *take away*
mais il les laisse envahir.° Dans peu d'années, sans doute, *swallow up*
la même population blanche qui se presse maintenant
autour d'eux sera de nouveau sur leurs pays dans les
solitudes d'Arkansas ; ils retrouveront alors les mêmes
20 maux sans les mêmes remèdes ; et la terre venant tôt
ou tard à leur manquer, il leur faudra toujours se
résigner à mourir.[50]

   Il y a moins de cupidité et de violence dans la manière d'agir de l'Union envers les Indiens que dans la
25 politique suivie par les Etats ; mais les deux gouverne-
ments manquent également de bonne foi.

   Les Etats, en étendant ce qu'ils appellent le bien-
fait° de leurs lois sur les Indiens, comptent que ces *benefit*
derniers aimeront mieux s'éloigner° que de s'y sou- *to leave*
30 mettre ; et le gouvernement central, en promettant à
ces infortunés un asile permanent dans l'Ouest, n'ignore
pas qu'il ne peut le leur garantir.

   Ainsi, les Etats, par leur tyrannie, forcent les
sauvages à fuir ; l'Union, par ses promesses et à l'aide
35 de ses ressources, rend cette fuite aisée. Ce sont des
mesures différentes qui tendent au même but.[51]

   « Par la volonté de notre Père céleste qui gouverne
l'univers, disaient les Cherokees dans leur pétition au
congrès,[52] la race des hommes rouges d'Amérique est
40 devenue petite ; la race blanche est devenue grande et
renommée.° *famous*

The Trail of Tears, by Robert Lindneux, 1942.

(By permission of Woolaroc Museum near Bartlesville, Oklahoma.)

« Lorsque vos ancêtres arrivèrent sur nos rivages, l'homme rouge était fort, et, quoiqu'il fût ignorant et sauvage, il les reçut avec bonté et leur permit de reposer leurs pieds engourdis° sur la terre sèche. Nos pères et *numb*
les vôtres se donnèrent la main en signe d'amitié, et vécurent° en paix. *lived*

« Tout ce que demanda l'homme blanc pour satisfaire ses besoins, l'Indien s'empressa de le lui accorder.° *hastened to give him*
L'Indien était alors le maître, et l'homme blanc le suppliant.° Aujourd'hui, la scène est changée : la force *beggar*
de l'homme rouge est devenue faiblesse. A mesure que ses voisins croissaient en nombre, son pouvoir diminuait de plus en plus ; et maintenant, de tant de tribus puissantes qui couvraient la surface de ce que vous nommez
les Etats-Unis, à peine en reste-t-il quelques-unes que le désastre universel ait épargnées. Les tribus du Nord, si renommées jadis parmi nous pour leur puissance, ont déjà à peu près disparu. Telle a été la destinée de l'homme rouge d'Amérique.

« Nous voici les derniers de notre race, nous faut-il mourir ?

« Depuis un temps immémorial, notre Père commun, qui est au ciel, a donné à nos ancêtres la terre que nous occupons ; nos ancêtres nous l'ont transmise
comme leur héritage. Nous l'avons conservée avec respect, car elle contient leur cendre.° Cet héritage, *ashes (i e graves)*
l'avons-nous jamais cédé ou perdu ? Permettez-nous de vous demander humblement quel meilleur droit un peuple peut avoir à un pays que le droit d'héritage et la possession immémoriale ? Nous savons que l'Etat de
Géorgie et le président des Etats-Unis prétendent aujourd'hui que nous avons perdu ce droit. Mais ceci nous semble une allégation gratuite. A quelle époque l'aurions-nous perdu ? Quel crime avons-nous commis qui puisse nous priver° de notre patrie ? Nous reproche-t-on *deprive*
d'avoir combattu sous les drapeaux du roi de la Grande-Bretagne lors de la guerre de l'Indépendance ? Si c'est là le crime dont on parle, pourquoi dans le premier traité qui a suivi cette guerre n'y déclarâtes-vous pas
que nous avions perdu la propriété de nos terres ? Pourquoi n'insérâtes-vous° pas alors dans ce traité° *didn't you insert / treaty*

53 / C'est la première fois dans cet essai que l'Indien parle pour lui-même. Commentez l'effet de ce discours authentique après tout ce qui précède. Qu'est-ce qu'il ajoute à ce que Tocqueville a déjà dit ?

54 / La publication du texte de Tocqueville suit de six ans cette pétition des Cherokees.

55 / Comment ce paragraphe est-il une réussite stylistique ? Quelle est sa fonction sur le plan des idées ?

56 / Commentez l'ironie dans cette phrase. Montrez comment l'ironie devient de plus en plus mordante à la fin de l'essai.

57 / Pourquoi cette nation ne pourrait-elle pas vivre sur son territoire ?

un article ainsi conçu : Les Etats-Unis veulent bien accorder la paix à la nation des Cherokees, mais pour les punir d'avoir pris part à la guerre, il est déclaré qu'on ne les considérera plus comme fermiers du sol, et qu'ils
5 seront assujettis° à s'éloigner quand les Etats qui les   *obliged*
avoisinent demanderont qu'ils le fassent ? C'était le
moment de parler ainsi ; mais nul ne s'avisa° alors d'y   *thought of*
penser, et jamais nos pères n'eussent consenti à un
traité dont le résultat eût été de les priver de leurs
10 droits les plus sacrés et de leur ravir° leur pays. »⁵³   *rob*

Tel est le langage des Indiens : ce qu'ils disent est vrai ; ce qu'ils prévoient me semble inévitable.⁵⁴

De quelque côté qu'on envisage la destinée des indigènes de l'Amérique du Nord, on ne voit que maux
15 irrémédiables : s'ils restent sauvages, on les pousse
devant soi en marchant ; s'ils veulent se civiliser, le
contact d'hommes plus civilisés qu'eux les livre° à   *delivers*
l'oppression et à la misère. S'ils continuent à errer de
déserts en déserts, ils périssent ; s'ils entreprennent de se
20 fixer, ils périssent encore. Ils ne peuvent s'éclairer
qu'à l'aide des Européens, et l'approche des Européens
les déprave et les repousse vers la barbarie. Tant qu'on
les laisse dans leurs solitudes, ils refusent de changer
leurs mœurs, et il n'est plus temps de le faire quand ils
25 sont enfin contraints de le vouloir.⁵⁵

Les Espagnols lâchent leurs chiens sur les Indiens comme sur des bêtes farouches ; ils pillent le nouveau monde ainsi qu'une ville prise d'assaut,° sans discerne-   *captured city*
ment et sans pitié ; mais on ne peut tout détruire, la
30 fureur a un terme : le reste des populations indiennes
échappées aux massacres finit par se mêler à ses vainqueurs et par adopter leur religion et leurs mœurs.

La conduite des Américains des Etats-Unis envers les indigènes respire° au contraire le plus pur amour   *breathes, indicates*
35 des formes et de la légalité.⁵⁶ Pourvu que les Indiens
demeurent dans l'état sauvage, les Américains ne se
mêlent nullement de leurs affaires et les traitent en
peuples indépendants ; ils ne se permettent point d'occuper leurs terres sans les avoir dûment° acquises au   *duly*
40 moyen d'un contrat ; et si par hasard une nation indienne
ne peut plus vivre sur son territoire,⁵⁷ ils la prennent

58 / Commentez le jeu de mots *hommes-humanité* dans la dernière phrase. Relisez le commencement de l'essai : comment la dernière phrase reprend-elle le sujet indiqué dès le premier paragraphe ? Par quelles étapes Tocqueville a-t-il développé son raisonnement pour arriver à cette conclusion ? Est-ce qu'il y a un changement de ton au cours de l'essai ? Quel est le but envisagé par l'auteur ? Ecrit-il pour montrer qu'un crime a été commis ? pour éclairer un problème sociologique ? pour une autre raison ? Pouvez-vous indiquer les endroits qui nous révèlent l'attitude et le but de l'auteur ?

fraternellement par la main et la conduisent eux-mêmes mourir hors du pays de ses pères.

Les Espagnols, à l'aide de monstruosités sans exemples, en se couvrant d'une honte ineffaçable, n'ont
5   pu parvenir à exterminer la race indienne, ni même à l'empêcher de partager leurs droits ; les Américains des Etats-Unis ont atteint ce double résultat avec une merveilleuse facilité, tranquillement, légalement, philanthropiquement, sans répandre° de sang, sans violer un   *without spilling*
10   seul des grands principes de la morale aux yeux du monde. On ne saurait détruire les hommes en respectant mieux les lois de l'humanité.[58]

Emile Zola

(1840-1902)

romancier

auteur de la série
des Rougon-Macquart

En novembre 1897, Emile Zola publia dans *Le Figaro* le premier de ses articles sur la condamnation du capitaine Alfred Dreyfus, accusé d'avoir trahi son pays en communiquant des documents secrets au gouvernement allemand. En 1894, un tribunal militaire, se réunissant à huis clos, avait mis trois jours à condamner Dreyfus qu'on avait ensuite envoyé à l'île du Diable (en Guinée). La condamnation était une erreur judiciaire, basée en partie sur des documents forgés, et le vrai coupable était le major C. F. Esterhazy. Après le jugement, la famille de Dreyfus commença à réclamer une révision du procès ; en même temps, les autorités militaires trouvèrent d'autres documents qui impliquaient Esterhazy. Cependant, le gouvernement ne voulait pas admettre l'erreur, car une grande partie de l'opinion publique avait déjà pris parti contre Dreyfus qui, étant juif, devenait aussi la victime d'un antisémitisme féroce. L'état-major supprima donc les documents favorables au condamné, et en forgea d'autres qui prouvaient sa culpabilité. En agissant ainsi, il entretint les passions populaires qui se donnaient libre cours dans la presse, et la France se trouva pendant des années divisée en dreyfusards et anti-dreyfusards. C'est pourquoi Dreyfus ne fut réhabilité qu'en 1906, quatre ans après la mort de Zola. Cet essai satirique, « Le Syndicat, » date du premier décembre 1897 ; il précède de six semaines la fameuse « Lettre au président de la république » (dite « J'accuse ») qui valut à Zola d'être condamné à un an de prison et à trois mille francs d'amende.

L'essai est nettement polémique. Zola se lance dans un débat politique, et s'adresse à un lecteur dont il veut ébranler les préjugés et la bonne conscience. Il utilise des styles variés où il fait alterner l'ironie, le raisonnement logique et la revendication passionnée des droits de l'homme et de la justice. Zola fait directement appel à la conscience du lecteur pendant qu'il examine, en six sections bien distinctes, le rôle d'un syndicat supposé dans la défense de Dreyfus. Le but général de l'essai est de tenter une réinterprétation du «syndicat ». Après avoir ridiculisé l'image incroyable d'un syndicat corrompu, Zola introduit l'idée d'un syndicat honnête, composé seulement d'individus dévoués à la cause de la Justice. Ce développement et cette réinterprétation d'un même terme, et les tons variés qui se succèdent dans cet appel si passionné, donnent à l'essai un intérêt littéraire indépendant de sa signification historique.

PREUVES ÉCRASANTES de la TRAHISON

Appel à tous les Français. — Mort aux Traîtres !

L'HONNEUR DE L'ARMÉE — L'INDIGNATION DE NOS SOLDATS

INFAMES MACHINATIONS

Le Syndicat Dreyfus — A bas les juifs ! — D'où vient l'argent

LES RÉVÉLATIONS DE LA FEMME VOILÉE

Un Complot de faussaires. — A Mazas ! — Les aveux du traître

Défense impossible
Témoignages irrécusables
Les vols
au ministère de la guerre
Les aveux du traître
Campagne de reptiles juifs
Juste condamnation

Tous les jours de nouveaux témoignages abondent, écrasants pour le traître de l'Ile du Diable et pour ceux qui osent encore le défendre.

SCHEURER-KESTNER
INDUSTRIEL ALLEMAND

Il suffisait cependant de savoir que le misérable avait livré, entre autres documents de la plus haute importance : le plan de concentration des troupes de première ligne à la frontière de l'Est, le plus forts de la Savoie et celui du camp retranché de Nice — ces derniers pour le compte de l'Italie.

Il suffisait qu'un conseil de guerre il eût été prouvé — de la plus irréfutable façon — que Dreyfus avait bien livré ces pièces et que pas un des membres du conseil ne pourrait démentir ces faits.

N'y avait-il pas aussi les propres aveux du traître au capitaine Lebrun-Renault, de la garde républicaine à cheval : « J'ai livré des documents à l'Allemagne dans l'espoir d'en obtenir sur l'armée allemande.

Eh bien, non, tout cela n'était pas suffisant pour le syndicat Dreyfus, et les amis du jardin ont engagé, pour prouver que tout cela était non seulement insuffisant, mais faux, la campagne de calomnies, de mensonges et de diffamations que l'on sait.

Campagne admirablement conduite, disent les dilettantes, en applaudissant M. Bernard Lazare, le chef de ces reptiles ! Parbleu ! Avec l'or des juifs, quel forban de lettres n'en eût fait autant, à condition d'être intelligent mais dépourvu de conscience et de préjugés ?

Cependant, ce que les Scheu-

rer-Kestner, les Mathieu Dreyfus, tous les avocats, tous les journalistes payés par la caisse du syndicat n'avaient pu prévoir, c'est que cette campagne se retournerait contre eux.

En effet, de tout ce bruit, de toute cette boue remuée, la culpabilité de Dreyfus ressort plus claire que jamais, et nous avons eu un jour d'apprendre que le misérable n'est pas le seul à avoir commis le crime de trahison... ce dont on se doutait bien un peu, hélas !

Oui, comme l'a dit l'honorable M. Bazille, il y a des choses qu'on ne commet pas seul. Mais en quoi cela pourrait-il blanchir Dreyfus ?

Que ses semblables soient comme lui jugés et frappés, la France entière applaudira. Mais que l'on n'essaye point, en détournant les responsabilités, d'égarer l'opinion publique et de faire aller à ce misérable la faveur de la foule. Celle-ci, d'ailleurs, ne se tromperait pas à ce jeu d'un nouveau massacre d'innocents... peut-être. Ce qu'il lui faut, c'est que justice soit rendue, pour les uns comme pour les autres.

Tentatives de déshonorer
l'armée
Le patriotisme
du commandant Pauffin
de Saint-Morel
Les sympathies du
commandant Forzinetti
Un général de carabiniers

Au milieu de toute cette fange, se débattent des noms estimés jusqu'ici, traîne l'honneur d'officiers français, et le ministre de la guerre, et le gouvernement, tous ceux sur lesquels on a le droit de compter pour savoir la vérité — quelque épouvantable qu'elle soit — tous ceux-là se taisent.

Le général de Boisdeffre ayant fait dire dans un journal que Pauffin de Saint-Morel était accusé, alors que sa campagne était des plus patriotes, une campagne officiellement désavouée par le ministre... C'est là du syndicat Dreyfus, le commandant Pauffin de Saint-Morel est frappé de trente jours d'arrêts de rigueur, et, c'est quand on essaye que le public ne comprenne plus rien à ce conflit entre le chef de l'état-major de l'armée française et le ministre de la guerre, le général Billot relève de ses fonctions le commandant Forzinetti, directeur de la prison du Cherche-Midi, dont les sympathies pour Dreyfus, son ancien prisonnier, sont connues de tous. Cette juste sé-

vérité du général Billot a, de plus, le tort de venir un peu tard... ce que l'on n'admet que d'un général de carabiniers.

LA VICTIME DES JUIFS

Le Commandant ESTERHAZY

PAUFFIN de SAINT-MOREL
Victime du Syndicat Dreyfus
DÉFENSEUR DE L'ARMÉE FRANÇAISE

Le gâchis et la honte
Le but
du syndicat Dreyfus
Chute
du ministère possible
La femme voilée
Un Panama militaire

Comment pourrait-on s'entendre dans tout ce gâchis d'infamies et de hontes ? De ce côté, certes, le but du syndicat Dreyfus est atteint : le scandale est complet, et nous ne serions pas surpris qu'il en résultât à brève échéance la chute du ministère.

A cette tragédie, la partie comique ne pouvait manquer. C'est la fameuse femme voilée

qui nous la fournit. Nous assistons d'abord aux courses de cette inconnue aux palissades du pont Alexandre et au Sacré-Cœur, où elle se rencontre avec le commandant Esterhazy, dont elle est la « bonne fée » et qu'elle veut sauver. Aujourd'hui l'incognito de la dame est un peu... « dévoilé ». Son nom commence par un M. C'est une Allemande établie depuis longtemps à Paris, assidue cliente des établissements de nuit de Montmartre, appartenant à la police française et ayant eu des relations avec un membre de la famille Dreyfus.

Il y a, à n'en pas douter, sous tous ces racontars inexplicables, on ne sait quoi de louche, d'inavouable, qui étreint péniblement le pays. Et, ce qui l'alarme davantage encore, ce sont toutes ces réticences, ces ménagements, cette répugnance du pouvoir à tirer les choses au clair.

On sait qu'il en a coûté de n'avoir pas eu le courage de dire la vérité lors du Panama. Qu'on se méfie. Une pareille attitude aujourd'hui aurait des résultats encore plus terribles, plus irréparables.

L'avachissement
Les lâchetés et les soufflets
L'armée
Les Sans-Patrie
Les juifs
La suspicion partout
Campagne
d'infâmes calomnies
Inertie
du gouvernement
Les arlequins ministériels

Qu'on les tue !...

Est-il donc entendu que les pleutres qui nous gouvernent — aussi peu soucieux de l'honneur national que de leur propre dignité — nous laisseront boire jusqu'à la dernière lie le calice de toutes les amertumes, de toutes les hontes, sans qu'un cri de révolte — voire même simplement d'indignation — jaillisse enfin de la poitrine de ce peuple, jadis si fier de ses nobles traditions, aujourd'hui avachi, dégradé par une étrange indifférence, veule et mol au point de recevoir chaque jour sans broncher le coup de botte au cul de ce gendarme imbécile qu'est le POUVOIR ?

En ces dernières années, tous les affronts nous furent infligés. Cependant, malgré toutes nos lâchetés, quoique l'échine toujours tendue aux coups de trique et le visage prêt aux crachats des gouvernants quels qu'ils soient, une chose chez nous était restée encore pure, grande, respectée : l'Armée — arche sainte de la Patrie.

Eh bien, voilà que la meute des sans-patrie qui se sont rués ce pauvre pays, qu'ils couvrent aujourd'hui comme des poux sur le corps d'un vagabond, voilà que les juifs, nuées de sauterelles venues du désert, tentent de mordre, de leurs dents de parasites, le der-

nier membre encore sain de ce vieux sol gaulois.

Les magistrats du conseil de guerre sont accusés par les uns d'injustice, par les autres d'imbécillité, par ceux-ci d'iniquité, par ceux-là d'inconscience. C'est la suspicion jetée sur de vaillants et loyaux soldats. C'est M. de Rougemont, c'est M. Esterhazy, demain un autre, dont les noms sont jetés tout vifs en pâture à la foule des bandits d'Israël.

LE TRAÎTRE

Et le gouvernement ne fait rien pour arrêter cette campagne infâme du syndicat Dreyfus ! Les arlequins ministériels se croisent les bras devant ce torrent d'infamies. La vieille fripouille qu'est Scheurer-Kestner reste toujours muette après avoir promis de tout dire, et le pachyderme Billot ne défend même pas l'honneur de l'armée dont il a la garde, honneur outragé dans la personne d'un de ses officiers !...

Ah ! si nous avions encore du sang de nos aïeux dans les veines, s'il nous restait une lueur de leur énergie, une étincelle de leur probité civique, quelle belle charretée nous conduirions un de ces matins à la place de la Révolution !

Le malheureux commandant Esterhazy, dans l'explosion de sa douleur, a laissé échapper le seul mot vrai de la situation. Il s'est écrié :

— Les misérables !... Que me reste-t-il à faire ? Les tuer !

Eh bien, oui, les tuer !... Où sont les juges qui condamneraient les justiciers qui feraient place nette de toutes ces crapules du syndicat Dreyfus, les Mosod, les Bernard Lazare et tutti quanti ? Quel tribunal oserait blâmer, dans ce peuple enfin attentif, l'honnête homme qui n'aurait demandé qu'à sa conscience et à son bras le soin de châtier comme il le mériterait l'infâme dénonciateur, le frère du traître ?

Une feuille de propagande antidreyfusarde, novembre 1897.

(By permission of the Harvard College Library.)

1 / Nom donné par les anti-dreyfusards à une soi-disant conspiration internationale qui aurait été l'œuvre des juifs, et qui aurait eu pour but de lutter contre le gouvernement français et de défendre le capitaine Dreyfus.

2 / Sait-on de quoi parle l'auteur ?

3 / Allusion à la défaite de la France dans la guerre de 1870. Cette défaite hantait encore les Français : elle ne pouvait s'expliquer, à leurs yeux, que par la trahison. Quel est l'effet produit par la mise en relief et la brièveté du premier paragraphe ? Quel rapport y a-t-il entre ce paragraphe et les suivants ?

4 / Quel est l'effet de cette expression ici ?

Le Syndicat[1]

On en connaît la conception. Elle est d'une bassesse° et *vileness*
d'une niaiserie° simpliste, dignes de ceux qui l'ont *idiocy*
imaginée.[2]

5   Le capitaine Dreyfus est condamné par un conseil
de guerre° pour un crime de trahison. Dès lors, il *courtmartial*
devient le traître, non plus un homme, mais une ab-
straction, incarnant l'idée de la patrie égorgée,° livrée° à *butchered | turned*
l'ennemi vainqueur. Il n'est pas que la trahison présente *over to*
et future, il représente aussi la trahison passée, car on
10 l'accable de° la défaite ancienne, dans l'idée obstinée que *load on him*
seule la trahison a pu nous faire battre.[3]

    Voilà l'âme noire, l'abominable figure, la honte de
l'armée, le bandit qui vend ses frères, ainsi que Judas a
vendu son Dieu. Et, comme il est juif, c'est bien simple,
15 les juifs qui sont riches et puissants, sans patrie d'ailleurs,[4] vont travailler souterrainement, par leurs mil-
lions, à le tirer d'affaire,° en achetant des consciences, en *to get him out of*
enveloppant la France d'un exécrable° complot, pour *trouble*
obtenir la réhabilitation du coupable, quitte à° lui *abominable*
even if it entails
20 substituer un innocent. La famille du condamné, juive

5 / Les accusations dans ce paragraphe reprennent toutes les images stéréotypées de l'anti-sémitisme depuis le moyen âge. Cependant, la situation décrite par Zola est aussi très ironique, car si l'on retourne les accusations, elles décriront assez précisément le complot judiciaire *contre* Dreyfus. Remarquez les répétitions et le jeu de mots (*affaire*) : quel est l'effet produit ?

6 / Ce *donc* suggère un lien logique avec le paragraphe précédent. Zola veut-il faire croire à un raisonnement logique et valable ? Veut-il dire qu'un syndicat s'est vraiment créé ?

7 / Notez les éléments caricaturaux dans cette description et le style familier (des *prix fous*). Comment cette caricature sert-elle l'intention de l'auteur ?

8 / Dans cette première section, Zola présente l'image populaire de ce syndicat imaginaire. Le ton est-il neutre ? Zola constate-t-il tout simplement des faits ? Comment sait-on l'opinion de l'auteur ? Quelle réaction veut-il provoquer chez ses lecteurs ?

9 / Selon l'accusation populaire, les juifs, qui sont riches, cherchent toujours à acheter les consciences.

10 / C'est-à-dire: s'ils ont donné une dizaine de millions.

11 / Cercle vicieux. On s'est hâté de condamner Dreyfus car il était juif : une fois condamné, sa conviction devient la preuve exemplaire de la culpabilité de tous les juifs.

12 / Quel est le ton de ce paragraphe ? Comment s'y manifeste la présence de l'auteur ?

13 / Reprend l'image suggérée par *bureau ouvert*.

elle aussi naturellement, entre dans l'Affaire. Et c'est
bien une affaire,° il s'agit à prix d'or° de déshonorer la
justice, d'imposer le mensonge, de salir° un peuple par
la plus impudente des campagnes. Tout cela pour sauver
5 un juif de l'infamie et l'y remplacer par un chrétien.[5]

Donc[6] un syndicat se crée. Ce qui veut dire que des
banquiers se réunissent, mettent de l'argent en commun,
exploitent la crédulité publique. Quelque part, il y a
une caisse° qui paie toute la boue remuée. C'est une vaste
10 entreprise ténébreuse, des gens masqués, de fortes
sommes remises° la nuit, sous les ponts, à des inconnus,
de grands personnages que l'on corrompt, dont on
achète la vieille honnêteté à des prix fous.°[7]

Et le syndicat s'élargit ainsi peu à peu. Il finit par
15 être une puissante organisation, dans l'ombre, toute une
conspiration éhontée° pour glorifier le traître et noyer
la France sous un flot d'ignominie.°[8]

Examinons-le, ce syndicat.
Les juifs ont fait l'argent, et ce sont eux qui paient
20 l'honneur des complices, à bureau ouvert.°[9] Mon
Dieu ! je ne sais pas ce qu'ils ont pu dépenser déjà. Mais,
s'ils n'en sont qu'à une dizaine de millions,°[10] je comprends qu'ils les aient donnés. Voilà des citoyens français, nos égaux et nos frères, que l'imbécile antisémi-
25 tisme traîne quotidiennement dans la boue.° On a
prétendu° les écraser avec le capitaine Dreyfus, on a
tenté de faire, du crime de l'un d'eux, le crime de la race
entière. Tous des traîtres, tous des vendus, tous des
condamnés.[11] Et vous ne voulez pas que ces gens, furi-
30 eusement, protestent, tâchent de se laver, de rendre
coup pour coup, dans cette guerre d'extermination qui
leur est faite ! Certes, on comprend qu'ils souhaitent
passionnément de voir éclater° l'innocence de leur
coreligionnaire ; et, si la réhabilitation leur apparaît
35 possible, ah ! de quel cœur ils doivent la poursuivre ![12]

Ce qui me tracasse,° c'est que, s'il existe un guichet[13]
où l'on touche,° il n'y ait pas quelques gredins avérés°
dans le syndicat. Voyons, vous les connaissez bien :
comment se fait-il qu'un tel, et celui-ci, et cet autre, n'en
40 soient pas ? L'extraordinaire est même que tous les gens

---

business deal | at sky-high prices, for gold
smear

cash box

handed over

unbelievable prices

shameless
flood of disgrace

on demand

a few billion (francs)

drags daily through the mud
they tried

shine out

bothers
window where they get paid | well-known scoundrels

14 / Zola prétend parler sans parti pris, ni pour ni contre les juifs en général. Il adopte une attitude objective et dégagée pour parler à un public plein de préjugés et déjà convaincu du crime de Dreyfus. Est-ce une bonne tactique, étant donné les circonstances ? Pourquoi ? En lisant le reste de l'essai, notez l'alternance des styles. Trouvez des exemples de mots ou de constructions dans le style familier. Jouent-ils un rôle important dans la relation entre l'auteur et le lecteur ?

15 / On ne doit pas insulter l'amour et le dévouement de la famille.

16 / Même cercle vicieux que précédemment : on associe la famille de Dreyfus à sa condamnation personnelle.

17 / C'était Mathieu, frère d'Alfred Dreyfus, qui dirigeait les efforts de la famille pour faire réviser le jugement.

18 / Quelles phrases de ce paragraphe semblent produire un effet solennel ? exprimer un sentiment d'indignation ? de compassion ? de colère ?

Pour bien comprendre les reproches de Zola, lisez le tract « Preuves écrasantes de la trahison » reproduit à la page 131.

19 / Zola propose le contre-pied du raisonnement populaire : au lieu de dire « la famille est coupable car Dreyfus a été condamné », il dit « Dreyfus est innocent car sa famille, elle-même honorable et patriote, continue à le croire innocent ».

que les juifs ont, dit-on, achetés, sont précisément d'une réputation de probité° solide. Peut-être ceux-ci y mettent-ils de la coquetterie,° ne veulent-ils avoir que de la marchandise rare, en la payant son prix. Je doute donc 5 fortement du guichet, bien que je sois tout prêt à excuser les juifs, si, poussés à bout,° ils se défendaient avec leurs millions. Dans les massacres, on se sert de ce qu'on a. Et je parle d'eux bien tranquillement, car je ne les aime ni ne les hais. Je n'ai parmi eux aucun ami qui 10 soit près de mon cœur. Ils sont pour moi des hommes, et cela suffit.[14]

    Mais, pour la famille du capitaine Dreyfus, il en va autrement,° et ici quiconque ne comprendrait pas, ne s'inclinerait pas, serait un triste cœur. Entendez-vous ! 15 tout son or, tout son sang, la famille a le droit, le devoir de le donner, si elle croit son enfant innocent. Là est le seuil° sacré que personne n'a le droit de salir.[15] Dans cette maison qui pleure, où il y a une femme, des frères, des parents en deuil,° il ne faut entrer que le 20 chapeau à la main ; et les goujats° seuls se permettent de parler haut et d'être insolents. Le frère du traître ! c'est l'insulte qu'on jette à la face de ce frère ! Sous quelle morale, sous quel Dieu vivons-nous donc, pour que la chose soit possible, pour que la faute d'un des 25 membres soit reprochée à la famille entière !16 Rien n'est plus bas, plus indigne de notre culture et de notre générosité. Les journaux qui injurient le frère du capitaine Dreyfus[17] parce qu'il fait son devoir sont une honte pour la presse française.[18]

30   Et qui donc aurait parlé, si ce n'était lui ? Il est dans son rôle. Lorsque sa voix s'est élevée demandant justice, personne n'avait plus à intervenir, tous se sont effacés.° Il avait seul qualité° pour soulever cette redoutable° question de l'erreur judiciaire possible, de la vérité à 35 faire, éclatante. On aura beau entasser les injures,° on n'obscurcira pas cette notion que la défense de l'absent est entre les mains de ceux de son sang, qui ont gardé l'espérance et la foi. Et la plus forte preuve morale en faveur de l'innocence du condamné est encore l'inébran- 40 lable° conviction de toute une famille honorable, d'une probité et d'un patriotisme sans tache.°[19]

honesty
are playing hard-to-get

pushed to extremes

that's another matter

threshold

in mourning
boors

disappeared
Only he was qualified
... / dangerous
pile up insults

unshakable
spotless

20 / Bernard Lazare, homme de lettres, auteur de *L'Antisémitisme, son histoire et ses causes*, fut le premier après les membres de la famille Dreyfus à attaquer la condamnation du capitaine. Il publia plusieurs brochures où il analysait les preuves, en produisant des fac-similés de la lettre criminelle où il montrait que l'écriture n'était pas celle de Dreyfus.

Le commandant Ferdinand Forzinetti était directeur de la prison où Dreyfus fut incarcéré. Il croyait à l'innocence du capitaine, déposa en sa faveur aux procès, et fut révoqué par les autorités en 1897.

Auguste Scheurer-Kestner, vice-président du Sénat, fut le premier après Bernard Lazare à affirmer publiquement l'innocence de Dreyfus.

Gabriel Monod, historien et professeur au Collège de France, croyait à l'innocence de Dreyfus. Il écrivit un *Exposé impartial de l'affaire Dreyfus*.

Georges-Marie Picquart était directeur du Service des Renseignements. Anti-sémite, il essaya néanmoins de faire rouvrir le dossier quand il trouva des documents montrant que le major Esterhazy était le vrai coupable. Picquart fut arrêté, et passa onze mois en prison.

Henri-Louis Leblois, ami de Picquart, était avocat et adjoint au maire du 7e Arrondissement. Leblois communiqua à Scheurer-Kestner les opinions de Picquart au sujet de l'innocence de Dreyfus. Après avoir déposé au procès de Zola, Leblois fut révoqué de son poste d'adjoint.

21 / L'ordre normal des mots est inversé : lire « Quiconque... se permet de vouloir... est du syndicat ». Qu'est-ce que l'auteur vient de montrer dans cette deuxième partie de l'essai ? Etudiez l'articulation des idées. En quoi cette partie contraste-t-elle avec ce qui suit ?

22 / Est-ce le même *vous* que précédemment ? Pourquoi Zola se permet-il d'être plus sévère maintenant ?

23 / L'affaire Dreyfus excita énormément les passions politiques et religieuses en France, et divisa l'opinion publique en deux camps. La meilleure comparaison contemporaine serait la division de l'opinion aux Etats-Unis au sujet de la guerre au Vietnam, avec ses « faucons » et ses « colombes ».

Puis, après les juifs fondateurs, après la famille directrice, viennent les simples membres du syndicat, ceux qu'on a achetés. Deux des plus anciens sont MM. Bernard Lazare et le commandant Forzinetti. Ensuite,

5 il y a eu M. Scheurer-Kestner et M. Monod. Dernièrement, on a découvert le colonel Picquart sans compter M. Leblois.[20] Et j'espère bien que, depuis mon premier article, je fais partie de la bande. D'ailleurs, est du syndicat, est convaincu d'être un malfaiteur° et d'avoir été   evil-doer

10 payé, quiconque, hanté par l'effroyable frisson° d'une   shudder erreur judiciaire possible, se permet de vouloir que la vérité soit faite, au nom de la justice.[21]

Mais, vous tous[22] qui poussez à cet affreux gâchis,°   mess faux patriotes, antisémites, braillards,° simples exploi-   brawlers

15 teurs vivant de la débâcle° publique, c'est vous qui l'avez   collapse voulu, qui l'avez fait, ce syndicat !

Est-ce que l'évidence n'est pas complète, d'une clarté de plein jour ? S'il y avait eu syndicat, il y aurait eu entente,° et où est-elle donc, l'entente ? Ce qu'il y a   collaboration

20 simplement, dès le lendemain de la condamnation, c'est un malaise° dans certaines consciences, c'est un   uneasiness doute devant le misérable qui hurle à tous son innocence. La crise terrible, la folie publique à laquelle nous assistons,°[23] est sûrement partie de là, de ce frisson   in which we find

25 léger resté dans les âmes. Et c'est le commandant   ourselves Forzinetti qui est homme de ce frisson, éprouvé° par   felt tant d'autres, et dont il nous a fait un récit si poignant.

Puis, c'est M. Bernard Lazare. Il est pris de doute, et il travaille à faire la lumière. Son enquête° solitaire se   investigation

30 poursuit d'ailleurs au milieu de ténèbres qu'il ne peut pas percer. Il publie une brochure, il en fait paraître une seconde, à la veille° des révélations d'aujourd'hui ;   just before et la preuve qu'il travaillait seul, qu'il n'était en relation avec aucun des autres membres du syndicat, c'est qu'il

35 n'a rien su, n'a rien pu dire de la vraie vérité. Un drôle de° syndicat, dont les membres s'ignorent !   A funny . . .

Puis, c'est M. Scheurer-Kestner, que le besoin de vérité et de justice torture de son côté, et qui cherche, et qui tâche de se faire une certitude, sans rien savoir de

40 l'enquête officielle — je dis officielle — qui était faite

24 / Révision totale de la description du syndicat. Par quelles étapes arrivons-nous à ce renversement de la situation ? Comment l'auteur suggère-t-il qu'il a été difficile d'arriver à la vérité ? Remarquez les répétitions de mots et de phrases.

25 / Comment ces images représentent-elles aussi l'art d'un romancier ?

26 / L'auteur s'adresse directement au public. De quoi cherche-t-il à le rendre conscient ?

27 / Résumé de la situation : Zola revient sur le rôle de la presse et rappelle les divers raisonnements des anti-dreyfusards. Où en a-t-il déjà parlé ?

28 / Le premier article de Zola au sujet de l'affaire Dreyfus fut un éloge du vice-président du Sénat, Scheurer-Kestner, quand celui-ci osa déclarer l'innocence du condamné. Cet éloge avait paru huit jours avant « le Syndicat » et Zola commençait à recevoir les réactions du public.

au même moment par le colonel Picquart, mis sur la bonne piste° par sa fonction même au ministère de la Guerre. Il a fallu un hasard,° une rencontre, comme on le saura plus tard, pour que ces deux hommes qui ne se 5 connaissent pas, qui travaillaient à la même œuvre, chacun de son côté, finissent, à la dernière heure, par se rejoindre et par marcher côte à côte.°

Toute l'histoire du syndicat est là :[24] des hommes de bonne volonté, de vérité et d'équité,° partis des quatre 10 bouts de l'horizon, travaillant à des lieues° et sans se connaître, mais marchant tous par des chemins divers au même but, cheminant en silence, fouillant la terre, et aboutissant° tous un beau matin au même point d'arrivée. Tous, fatalement, se sont trouvés, la main 15 dans la main, à ce carrefour° de la vérité, à ce rendez-vous fatal de la justice.[25]

Vous voyez bien que c'est vous qui, maintenant, les réunissez, les forcez de serrer leurs rangs,° de travailler à une même besogne° de santé et d'honnêteté, ces 20 hommes que vous couvrez d'insultes, que vous accusez du plus noir complot, lorsqu'ils n'ont voulu qu'une œuvre de suprême réparation.[26]

Dix, vingt journaux, où se mêlent les passions et les intérêts les plus divers, toute une presse immonde° que 25 je ne puis lire sans que mon cœur se brise d'indignation, n'a donc cessé de persuader au public qu'un syndicat de juifs, achetant les consciences à prix d'or, s'employait au plus exécrable des complots. D'abord, il fallait sauver le traître, le remplacer par un innocent ; puis, c'était 30 l'armée qu'on déshonorerait, la France qu'on vendrait, comme en 1870.[27] Je passe les détails romanesques de la ténébreuse machination.

Et, je le confesse, cette opinion est devenue celle de la grande majorité du public. Que de gens simples 35 m'ont abordé° depuis huit jours, pour me dire d'un air stupéfait : « Comment ! M. Scheurer-Kestner n'est donc pas un bandit ? Et vous vous mettez avec ces gens-là ! Mais vous ne savez donc pas qu'ils ont vendu la France ! »[28] Mon cœur se serre° d'angoisse, car je sens 40 bien qu'une telle perversion de l'opinion va permettre

track

accident

side by side

fairness

miles apart

travelling . . . digging . . . ending . . .

crossroads

to close ranks

task

vile

have come up to me

is squeezed by

29 / Il est difficile d'établir la vérité, mais il n'est pas moins difficile de la faire accepter.

30 / Pouvez-vous citer des cas semblables au vingtième siècle ?

31 / Décrivez les deux patriotismes que Zola met ici en contraste.

32 / Zola fait appel encore une fois à notre sens de l'humain.

33 / En quoi cette image pittoresque renforce-t-elle l'idée que Dreyfus est isolé des humains ? Cette muraille n'est-elle pas composée de onze gardiens, qui sont eux aussi des êtres humains ?

34 / Etudiez les adjectifs de ce paragraphe. Quel effet produisent-ils ? Pourquoi sont-ils si nombreux ?

tous les escamotages.° Et le pis est que les braves sont
rares, quand il faut remonter le flot.° Combien vous
murmurent à l'oreille qu'ils sont convaincus de l'innocence du capitaine Dreyfus, mais qu'ils n'ont que faire
5 de° se mettre en dangereuse posture, dans la bagarre !°[29]

    Derrière l'opinion publique, comptant sans doute
s'appuyer sur elle, il y a les bureaux du ministère de la
Guerre. Je n'en veux pas parler aujourd'hui, car j'espère
que justice sera faite. Mais qui ne sent que nous sommes
10 devant la plus têtue° des mauvaises volontés ? On ne
veut pas avouer qu'on a commis des erreurs, j'allais
dire des fautes. On s'obstine à couvrir les personnages
compromis. On est résolu à tout, pour éviter l'énorme
coup de balai.° Et cela est si grave, en effet, que ceux-là
15 mêmes qui ont la vérité en main, de qui on exige furi-
eusement cette vérité, hésitent encore, attendent pour
la crier publiquement, dans l'espérance qu'elle s'im-
posera d'elle-même et qu'ils n'auront pas la douleur de
la dire.[30]

20   Mais il est une vérité du moins que, dès aujourd'hui
je voudrais répandre° par la France entière. C'est qu'on
est en train de lui faire commettre, à elle la juste, la
généreuse, un véritable crime. Elle n'est donc plus la
France,[31] qu'on peut la tromper à ce point, l'affoler°
25 contre un misérable qui, depuis trois ans, expie,° dans
des conditions atroces, un crime qu'il n'a pas commis.
Oui, il existe là-bas, dans un îlot perdu, sous le dur soleil,
un être qu'on a séparé des humains.[32] Non seulement la
grande mer l'isole, mais onze gardiens l'enferment nuit
30 et jour d'une muraille vivante.[33] On a immobilisé onze
hommes pour en garder un seul. Jamais assassin, jamais
fou furieux n'a été muré° si étroitement. Et l'éternel
silence, et la lente agonie sous l'exécration° de tout un
peuple ! Maintenant, osez-vous dire que cet homme
35 n'est pas coupable ?[34]

    Eh bien ! c'est ce que nous disons, nous autres, les
membres du syndicat. Et nous le disons à la France, et
nous espérons qu'elle finira par nous entendre, car elle
s'est toujours enflammée° pour les causes justes et belles.
40 Nous lui disons que nous voulons l'honneur de l'armée,
la grandeur de la nation. Une erreur judiciaire a été

tricks

go against the current

have no intention of |
fray

stubborn

clean sweep

broadcast, spread

enrage her
expiates

walled in
hatred

*has always been excited
by*

35 / Quelles précautions Zola a-t-il prises avant d'affirmer qu'il fait lui aussi parti du syndicat ? Aurait-il pu commencer l'essai en écrivant « Je suis membre de ce fameux syndicat, et il n'est pas ce que vous pensez » ? Pourquoi ? Comment la rhétorique de l'essai devient-elle un moyen de communication entre l'auteur et le lecteur ?

36 / Zola réfute les faux arguments qui précèdent.

37 / Dans cette dernière section, Zola résume toutes les qualités de ce nouveau syndicat. Quelle preuve trouvez-vous à la fin du caractère polémique de cet essai ? Où sentez-vous que l'auteur fait un effort passionné pour convaincre ses lecteurs et les pousser à agir ?

commise et, tant qu'elle ne sera pas réparée, la France
souffrira, maladive,° comme d'un cancer secret qui peu
à peu ronge° les chairs. Et si, pour lui refaire de la
santé, il y a quelques membres à couper, qu'on les
5 coupe !

ailing, sick
eats away

Un syndicat[35] pour agir sur l'opinion, pour la guérir
de la démence° où la presse immonde l'a jetée, pour la
ramener à sa fierté, à sa générosité séculaires. Un syndicat pour répéter chaque matin que nos relations diplo-
10 matiques ne sont pas en jeu, que l'honneur de l'armée
n'est point en cause, que des individualités seules peuvent être compromises.[36] Un syndicat pour démontrer
que toute erreur judiciaire est réparable et que s'entêter
dans une erreur de ce genre, sous le prétexte qu'un con-
15 seil de guerre ne peut se tromper, est la plus mon-
strueuse des obstinations, la plus effroyable des in-
faillibilités. Un syndicat pour mener campagne jusqu'à
ce que la justice soit rendue, au travers de tous les obstacles, même si des années de lutte sont encore
20 nécessaires.
De ce syndicat, ah ! oui, j'en suis, et j'espère bien
que tous les braves gens de France vont en être ![37]

insanity

Alfred Jarry

(1873-1907)

écrivain humoriste

auteur d'articles de journaux,
de poèmes, de romans,
de pièces de théâtre

Alfred Jarry est surtout connu pour avoir écrit *Ubu Roi* (1896), pièce extraordinaire qui est assez souvent jouée de nos jours et qui a considérablement influencé le théâtre contemporain. Mais il a écrit beaucoup d'autres livres, parmi lesquels figure *Spéculations*, recueil d'articles humoristiques publiés dans *La Revue Blanche* au cours de l'année 1901. Dans ces petits essais, Jarry part d'un détail de la vie quotidienne, d'une anecdote, d'une nouvelle récente et se livre à des « spéculations » qui ont pour résultat de nous montrer fort logiquement à quel point, parce que nous manquons d'imagination, nous sommes prisonniers de nos habitudes dans notre façon de percevoir choses, êtres et événements. Dans le texte qui suit, il nous fait regarder les transports en commun d'un nouvel œil : l'omnibus devient un animal digne d'intérêt, qu'il faut décrire et dont il faut étudier les habitudes. Il est difficile de savoir si l'auteur note des observations scientifiques ou s'il écrit un article humoristique. Sa description donne l'impression d'une stricte objectivité. Au lecteur de décider...

Un omnibus parisien vers la fin du XIXème siècle.

(D'une gravure contemporaine.)

1 / La cynégétique est l'art de la chasse ; l'omnibus, à l'époque de Jarry, était une voiture publique, tirée par des chevaux, servant à transporter les habitants d'une ville. Notez que la forme latine du mot *omnibus* peut suggérer un nom scientifique d'animal.

2 / Cette première phrase explique le titre et donne le ton de l'essai. A quel genre de public l'auteur semble-t-il s'adresser ? En réalité, est-ce à ce public qu'il s'adresse ? Quel est le but apparent de l'auteur en présentant «l'omnibus» comme un «fauve» ou un «pachyderme»?

3 / Comme la «Hudson's Bay Company».

4 / Maintenant Jarry va développer les conséquences de son rapprochement initial entre l'omnibus et une bête sauvage. Observez la manière dont il procède : qu'est-ce qui assure la transition d'un paragraphe à un autre ? D'autre part, comment arrive-t-il logiquement à des absurdités ? Les affirmations de l'auteur sont-elles tout à fait fausses ?

5 / C'est une ligne d'omnibus ; ces trois noms désignent trois quartiers de Paris qui déterminent le parcours de l'omnibus. Pourquoi l'auteur n'utilise-t-il pas le mot *ligne* ?

6 / Pourquoi l'expression *migrations périodiques* est-elle à la fois vraie et fausse en parlant d'un omnibus ?

Cynégétique de l'omnibus[1]

Des diverses espèces de grands fauves° et pachydermes   *wild beasts*
non encore éteintes° sur le territoire parisien, aucune,   *extinct*
sans contredit, ne réserve plus d'émotions et de surprise
au trappeur que celle de l'omnibus.[2]

5   Des Compagnies[3] se sont réservé le monopole de
cette chasse ; à première vue l'on ne s'explique pas leur
prospérité : la fourrure de l'omnibus est en effet sans
valeur et sa chair n'est pas comestible.°[4]   *edible*

       Il existe un grand nombre de variétés d'omnibus,
10   si on les distingue par la couleur ; mais ce ne sont là que
des différences accidentelles, dues à l'habitat et à
l'influence du milieu. Si le pelage° du « Batignolles–   *coat*
Clichy–Odéon »,[5] par exemple, est d'une nuance qui
rappelle celle de l'énorme rhinocéros blanc, le « borelé »
15   de l'Afrique du Sud, il n'en faut chercher d'autre cause
que les migrations périodiques de l'animal.[6] Ce phé-
nomène de mimétisme° n'est pas plus anormal que   *mimesis (imitation)*
celui qui se manifeste chez les quadrupèdes des régions
polaires.

20   Nous proposerons une division plus scientifique, en

7 / La distinction établie par l'auteur est-elle complètement dénuée de fondement en réalité ? Comment l'auteur s'y prend-il pour suggérer le mot *rail* ?

8 / L'auteur porte un jugement défavorable sur la seconde variété d'omnibus : pourquoi la juge-t-il stupide ? Quelle preuve donne-t-il de sa férocité ? En quoi la description de l'effet produit par l'omnibus sur les hommes reste-t-elle exacte ? La comparaison que fait Jarry entre le cri de l'omnibus et celui de certains oiseaux donne-t-elle une impression de précision scientifique ? Pourquoi Jarry a-t-il choisi l'*ornithorynque* comme exemple ?

9 / Qu'est-ce que les adjectifs « *curieuse* habitude », « instinct *surprenant* » révèlent de l'attitude de l'auteur à l'égard de l'objet de la description ? Quels sont les deux sens du mot *voie* ? Quelle différence voyez-vous ici entre dire *les hommes* et dire *l'espèce humaine* ?

10 / Au paragraphe précédent, Jarry a commencé à décrire la chasse à l'omnibus : il continue à le faire dans celui-ci. Comment la comparaison avec la chasse dans un marais rappelle-t-elle la façon dont Jarry parle plus haut du « cri » de l'omnibus ? Quels sont ces « gaillards » qui « guettent le passage de l'animal » ? Remarquez le mot technique *éventer*. Jarry utilise-t-il d'autres mots techniques ? Remarquez la précision des détails : pourquoi « la peau postérieure » est-elle « phosphorescente la nuit » ? Pour quelle raison l'omnibus « s'enfuit-il » ?

deux variétés dont la permanence est bien reconnue : 1° celle qui dissimule° ses traces ; 2° celle qui laisse une piste° apparente. Les foulées° de cette dernière sont extraordinairement rapprochées, comme produites par
5 une reptation,° et semblables, à s'y méprendre,° à l'ornière creusée° par le passage d'une roue.[7] Les naturalistes discutent encore pour savoir si la première variété est la plus ancienne, ou si elle est seulement retournée à une existence plus sauvage. Il est indiscu-
10 table, quoi qu'il en soit,° que la seconde variété est la plus stupide, puisqu'elle ignore l'art de dissimuler sa piste ; mais — et ceci expliquerait qu'elle ne soit point encore toute exterminée — elle est, selon toute appa- rence, plus féroce, à en juger par son cri qui fait fuir les
15 hommes, sur son passage, en une tumultueuse panique, et qui n'est comparable qu'à celui du canard ou de l'ornithorynque.°[8]

Vu la grande facilité de découvrir la piste de l'ani- mal, facilité décuplée° par sa curieuse habitude de
20 repasser exactement sur la même voie dans ses migra- tions périodiques, l'espèce humaine s'est ingéniée° à le faire périr dans des trappes pratiquées sur son par- cours.° Avec un instinct surprenant, la lourde masse, arrivée au point dangereux, a toujours fait demi-tour
25 sur elle-même, rebroussant chemin° et prenant grand soin, cette fois, de brouiller° sa piste en la faisant co- ïncider avec ses précédentes foulées.[9]

On a essayé d'autres systèmes de pièges, sortes de huttes disposées, à intervalles réguliers, le long de la
30 voie et assez pareilles à celles qui servent pour la chasse au marais.° Des bandes de gaillards résolus° s'y embus- quent° et guettent° le passage de l'animal : le plus sou- vent celui-ci les évente° et s'enfuit, non sans donner des signes de fureur par un froncement° de sa peau
35 postérieure, bleue comme celle de certains singes et phosphorescente la nuit ; cette grimace figure° assez bien, en rides° blanches, le graphique° du mot français : « complet ».°[10]

Quelques spécimens de l'espèce se sont toutefois
40 laissé domestiquer : ils obéissent avec une suffisante docilité à leur cornac,° qui les fait avancer ou s'arrêter,

hides

trail | tracks

crawling | decep- tively similar
rut dug

whatever the case

duck-billed platypus

multiplied ten times

strained its wits

route

retracing its steps
scramble

i.e. duck-hunters' blinds in the marshes | bold fellows
lie in ambush | watch for
scents
wrinkling, contraction
represents
wrinkles | sign
"full"

mahout (elephant keeper)

11 / A l'arrière de l'omnibus, il y avait une plateforme par laquelle il fallait passer pour entrer et sortir et sur laquelle se tenait le contrôleur qui tirait une sonnette pour avertir le conducteur qu'il fallait s'arrêter ou repartir. C'est cette sonnette que Jarry compare à une « queue ».

12 / Comment les omnibus « sauvages » dévorent-ils les hommes ? Quelles sont ces « parcelles de cuivre » que l'animal garde ? Pour bien comprendre la « preuve » donnée par l'auteur dans la dernière phrase, il faut se rappeler que l'omnibus avait deux étages, et que les voyageurs assis au deuxième étage (à l'air libre) payaient moitié moins cher que les autres.

13 / Quel est ce bruit métallique qui précède le « repas » de l'omnibus ?

14 / Les omnibus présentés par Jarry sont à la fois des animaux sauvages et des moyens de transport. A l'époque de Jarry, les tramways électriques de la Compagnie des omnibus ont déjà fait leur apparition et un contemporain les décrit, "glissant doucement sur le rail métallique," comme doués de puissance et d'efficacité.

Pourquoi les chevaux sont-ils présentés comme de « dangereux parasites » ? A quelle catégorie d'omnibus correspondent « les individus sains » ?

15 / Cet aveu d'ignorance a l'aspect laconique d'une déclaration de savant constatant une lacune dans son savoir.

16 / Revoyez maintenant de quelle façon l'auteur a construit son essai : introduction alléchante énonçant le sujet du texte, puis examen du monopole des Companies, de l'apparence de l'animal, de ses deux variétés, des manières de pratiquer la chasse à l'omnibus, de sa domestication possible, de la façon dont il se nourrit, de certaines de ses habitudes caractéristiques, de l'attitude de la loi à son égard.

Est-ce un essai bien construit ? Qu'est-ce qui fait l'unité de l'essai ? Quelle est l'attitude de l'auteur à l'égard de son sujet ? à l'égard de son lecteur ? L'auteur a-t-il bien su exploiter les possibilités verbales permettant d'assimiler l'un des termes de son analogie à l'autre ? Avons-nous un moyen de savoir si l'auteur plaisante ?

en les tirant par la queue. Cet appendice° diffère peu
de celui de l'éléphant. La Société protectrice des animaux a obtenu — de même qu'on supporte la queue
adipeuse° de certains moutons du Thibet sur un petit
5 chariot — que celle de l'omnibus fût protégée par une
poignée en bois.[11]

Cette mesure de douceur est assez inconsidérée, car
les individus sauvages dévorent les hommes, qu'ils
attirent en les fascinant à la façon du serpent. Par suite
10 d'une° adaptation compliquée de leur appareil digestif,°
ils excrètent leurs victimes encore vivantes, après avoir
assimilé les parcelles° de cuivre qu'ils en ont pu ex-
traire.° Ce qui prouve qu'il y a bien digestion, c'est que
l'absorption du numéraire° à la surface — l'épiderme
15 dorsal — est moindre exactement de moitié que°
l'assimilation à l'intérieur.[12]

Il convient peut-être de rapprocher° de ce phénomène l'espèce de joyeuse pétarade,° au son métallique, qui précède invariablement leur repas.[13]

20 Quelques-uns vivent dans un commensalisme°
étrange avec le cheval, qui semble être pour eux un
dangereux parasite : sa présence° est en effet caractérisée
par une déperdition° rapide des forces locomotrices,
remarquables au contraire chez les individus sains.[14]

25 On ne sait rien de leurs amours ni de leur mode de
reproduction.[15]

La loi française paraît considérer ces grands fauves
comme nuisibles,° car elle ne suspend leur chasse par
aucun intervalle de prohibition.°[16]

appendage

adipose (fatty)

Owing to | *digestive
tract*

particles

extract from them

money absorbed

is exactly half of . . .

*It seems correct to
associate . . .*

rattling

symbiosis

*(The horse's presence means
that the omnibus
loses its own strength)*

loss

harmful

*does not limit their
hunting season*

Paul Valéry

(1871-1945)

poète

essayiste

esthéticien

Paul Valéry, poète et essayiste qui a toujours défendu dans ses œuvres le rôle dominant de l'esprit, a écrit « La Crise de l'esprit » en avril 1919, peu après la fin de la Première Guerre Mondiale. Valéry s'adresse ici à un public anglais auquel il veut expliquer l'atmosphère intellectuelle et morale de l'Europe à la fin de la guerre. Sous le titre « La Crise de l'esprit », le poète écrit deux lettres dont la première constitue un essai justement célèbre pour l'expression lyrique et sombre qui caractérise toute civilisation réduite au désespoir. L'essai se compose de six sections bien distinctes, mais à travers cette séparation formelle se manifeste une unité stylistique faite d'un réseau d'images et de références internes. Cette unité se manifeste au cours de l'essai par une série d'images qui personnifient l'Europe en nous la montrant comme un être profondément bouleversé par le choc de la guerre puis comme un héros tragique qui contemple sa ruine, et ce n'est qu'à la fin du texte que l'on découvre la signification totale de l'essai.

1 / *La Crise de l'esprit* comprend deux lettres qui ont paru en traduction dans l'*Athenaeum* (journal anglais) en 1919, immédiatement après la Première Guerre Mondiale.

2 / Quel thème s'annonce dans ce début solennel ? Qui parle ? A qui s'adresse la personne qui parle ?

Dès le commencement, Valéry emploie la *personnification* qui reviendra dans tout l'essai : la civilisation est comparée à un être humain qui vit, qui grandit, mais qui est mortel. Cette personnification se développe progressivement ; elle se précise enfin dans la figure mélancolique d'un Hamlet européen.

3 / Comment le temps de ce verbe renforce-t-il le ton solennel de la première phrase ?

4 / Quels aspects de la civilisation sont résumés dans cette liste ? Rappelez-vous le titre de l'essai.

5 / Quels mots, quelles images préparent dans les phrases précédentes l'apparition du mot *naufrage* ? Quel nom dans le paragraphe suivant reprend l'image du navire ? Notez l'art avec lequel Valéry développe les mêmes images : c'est un poète qui parle.

6 / L'Elam était un état voisin de la Chaldée : Ninive et Babylone étaient des villes célèbres de l'Assyrie. Ces noms rappellent la splendeur des civilisations orientales perdues.

7 / Quelle signification doit-on voir dans la destruction de ces civilisations antiques ? Comment cette phrase suggère-t-elle l'idée d'un oubli total ?

La Crise de l'esprit

Nous autres, civilisations, nous savons maintenant que nous sommes mortelles.[2]

   Nous avions entendu[3] parler de mondes disparus
tout entiers, d'empires coulés à pic° avec tous leurs   *sunk to the bottom*
5 hommes et tous leurs engins° descendus au fond inex-   *devices*
plorable des siècles avec leurs dieux et leurs lois, leurs
académies et leurs sciences pures et appliquées, avec
leurs grammaires, leurs dictionnaires, leurs classiques,
leurs romantiques et leurs symbolistes, leurs critiques et
10 les critiques de leurs critiques.[4] Nous savions bien que
toute la terre apparente est faite de cendres, que la
cendre signifie quelque chose. Nous apercevions à travers
l'épaisseur de l'histoire, les fantômes d'immenses
navires qui furent chargés de richesse et d'esprit. Nous
15 ne pouvions pas les compter. Mais ces naufrages,°[5]   *shipwrecks*
après tout, n'étaient pas notre affaire.°   *were none of our*
                                                             business
   Elam, Ninive, Babylone[6] étaient de beaux noms
vagues, et la ruine totale de ces mondes avait aussi peu
de signification pour nous que leur existence même.[7]
20 Mais *France, Angleterre, Russie...* ce seraient aussi de

8 / Nom d'un paquebot torpillé en 1915 : 1,200 personnes périrent.

9 / Le mot *abîme* se rattache à quelle série d'images ?

10 / Dramaturge grec, père de la *comédie nouvelle* qui influença Plaute et Térence. En 1919, aucune pièce complète de Ménandre n'était connue.

11 / Fin de la première partie. Quel est le thème central de cette introduction ? Montrez quel en est le ton, en citant des mots et des expressions du texte.

12 / Ce ne sont pas simplement les évidences matérielles de la civilisation qui ont croulé (les villes, les livres, les œuvres d'art), mais la structure morale de la pensée.

13 / Les « vertus » de l'esprit ont engendré bien des maux : pendant la Première Guerre Mondiale, dit Valéry, le « travail consciencieux », « l'instruction solide », et la « discipline » des Allemands ont été adaptés aux besoins de la guerre.

14 / Valéry se demande s'il faut douer de valeur morale les idées de *Savoir* et de *Devoir*, deux qualités qui avaient semblé jusqu'ici admirables : maintenant on voit qu'elles peuvent avoir des résultats maléfiques.

Comment cette deuxième section suit-elle la première partie, tout en développant une pensée nouvelle ? Par quels procédés l'auteur tente-t-il d'impressionner le lecteur ? Quel sentiment semble-t-il vouloir lui communiquer ?

15 / Deux capitales rivales de l'antiquité ; symboliquement, deux aspects d'une même civilisation luttent entre eux jusqu'à la destruction totale.

16 / Expliquez le contraste entre les deux verbes ; pourquoi Valéry insiste-t-il sur l'action de sentir ? Remarquez le goût de l'auteur pour les « formules » : c'est-à-dire pour des phrases brèves et denses construites sur des oppositions ou des parallélismes entre rythmes et mots.

17 / Relevez des exemples de la personnification s'appliquant à l'Europe dans ces trois paragraphes et étudiez l'effet qu'ils produisent sur le lecteur. Si l'Europe personnifiée est en proie à une *crise de l'esprit*, à quelle sorte de diagnostic médical vous attendez-vous ?

beaux noms. *Lusitania*[8] aussi est un beau nom. Et nous voyons maintenant que l'abîme°[9] de l'histoire est assez grand pour tout le monde. Nous sentons qu'une civilisation a la même fragilité qu'une vie. Les circon-
5 stances qui enverraient les œuvres de Keats et celles de Baudelaire rejoindre les œuvres de Ménandre[10] ne sont plus du tout inconcevables : elles sont dans les journaux.[11]

    Ce n'est pas tout. La brûlante leçon est plus complète encore. Il n'a pas suffi à notre génération d'ap-
10 prendre par sa propre expérience comment les plus belles choses et les plus antiques, et les plus formidables et les mieux ordonnées sont périssables° par accident ; elle a vu, dans l'ordre de la pensée, du sens commun, et du sentiment, se produire des phénomènes extra-
15 ordinaires, des réalisations brusques de paradoxes,° des déceptions brutales de l'évidence.[12]
    Je n'en citerai qu'un exemple ; les grandes vertus des peuples allemands ont engendré plus de maux que l'oisiveté jamais n'a créé de vices. Nous avons vu, de nos
20 yeux vu, le travail consciencieux, l'instruction la plus solide, la discipline et l'application les plus sérieuses, adaptés à d'épouvantables desseins.°[13]
    Tant d'horreurs n'auraient pas été possibles sans tant de vertus. Il a fallu, sans doute, beaucoup de science
26 pour tuer tant d'hommes, dissiper tant de biens, anéantir° tant de villes en si peu de temps ; mais il a fallu non moins de qualités morales. Savoir et Devoir, vous êtes donc suspects ?[14]

    Ainsi la Persépolis spirituelle n'est pas moins
30 ravagée° par la Suse[15] matérielle. Tout ne s'est pas perdu, mais tout s'est senti périr.°[16]
    Un frisson° extraordinaire a couru la moelle° de l'Europe.[17] Elle a senti, par tous ses noyaux° pensants, qu'elle ne se reconnaissait plus,° qu'elle cessait de se
35 ressembler, qu'elle allait perdre conscience° — une conscience acquise par des siècles de malheurs supportables, par des milliers d'hommes du premier ordre, par des chances géographiques, ethniques, historiques, innombrables.

Marginal glosses:
abyss, depths
perishable
contradictions brought suddenly to life
dreadful plans
destroy
laid waste
die
shiver / chilled the marrow
nerve centers
was lost and confused
lose consciousness

18 / Comment cet effort de mémoire peut-il être une « défense » ? Défense contre quelle maladie entrevue dans le paragraphe précédent ? Analysez les exemples de cet effort pour ressaisir tout un passé.

19 / Pourquoi l'auteur s'adresse-t-il directement à son lecteur dans ce paragraphe ?

20 / Valéry n'approuve-t-il pas la variété de nos connaissances ? Qu'est-ce qu'il critique ici ? Expliquez comment cette « agonie de l'âme européenne » nous renvoie à l'Europe personnifiée dont nous a déjà parlé Valéry.

21 / Pourquoi Valéry emploie-t-il ces images d'affolement à la fin du paragraphe ? Qu'est-ce qu'elles ajoutent à la description précédente du « désordre mental » ?

22 / C'est-à-dire qu'il est difficile d'identifier une *crise intellectuelle,* une maladie de l'esprit, car l'esprit (ou l'imagination) joue avec toutes les formes de la pensée.

Alors — comme pour une défense désespérée de son être et de son avoir physiologiques,° toute sa mémoire lui est revenue confusément.[18] Ses grands hommes et ses grands livres lui sont remontés pêle-mêle.°
5 Jamais on n'a tant lu, ni si passionnément que pendant la guerre : demandez aux libraires.° Jamais on n'a tant prié, ni si profondément : demandez aux prêtres. On a évoqué tous les sauveurs, les fondateurs, les protecteurs, les martyrs, les héros, les pères des patries, les saintes
10 héroïnes, les poètes nationaux...[19]

Et dans le même désordre mental, à l'appel de la même angoisse, l'Europe cultivée a subi° la reviviscence° rapide de ses innombrables pensées : dogmes, philosophies, idéaux hétérogènes ;° les trois cents manières
15 d'expliquer le Monde, les mille et une nuances du christianisme, les deux douzaines de positivismes. Tout le spectre° de la lumière intellectuelle a étalé° ses couleurs incompatibles, éclairant° d'une étrange lueur° contradictoire l'agonie de l'âme européenne.[20] Tandis
20 que les inventeurs cherchaient fiévreusement dans leurs images, dans les annales° des guerres d'autrefois, les moyens de se défaire des° fils de fer barbelés,° de déjouer° les sous-marins° ou de paralyser les vols d'avions, l'âme invoquait à la fois toutes les incantations qu'elle
25 savait, considérait sérieusement les plus bizarres prophéties ; elle se cherchait des refuges, des indices, des consolations dans le registre entier des souvenirs, des actes antérieurs,° des attitudes ancestrales. Et ce sont là les produits connus de l'anxiété, les entreprises désor-
30 données° du cerveau qui court du réel au cauchemar° et retourne du cauchemar au réel, affolé° comme le rat tombé dans la trappe...[21]

La crise militaire est peut-être finie. La crise économique est visible dans toute sa force ; mais la crise
35 intellectuelle, plus subtile, et qui, par sa nature même, prend les apparences les plus trompeuses° (puisqu'elle se passe dans le royaume même de la dissimulation°),[22] cette crise laisse difficilement saisir° son véritable point, sa phase.
40 Personne ne peut dire ce qui demain sera mort ou vivant en littérature, en philosophie, en esthétique. Nul

---

Marginal glosses:

its physiological being and substance

have come back pellmell

bookstores

undergone | renewed life

different ideals

spectrum | displayed
lighting up | glimmer

records
to get rid of | barbed wire
elude | submarines

previous

confused undertakings | nightmare
maddened

deceptive
pretense, make-believe
it is hard to grasp . . .

23 / « Et lorsqu'il aura triomphé de la passion de détruire / L'esprit remportera une complète victoire. »

24 / L'espoir n'est qu'un instinct de défense, dit Valéry. L'être (celui qui vit) ne veut pas croire à sa mort, et suggère donc que l'esprit qui la lui prédit se trompe. Cependant, la raison reconnaît toujours l'évidence de cette crise mortelle de l'esprit.

25 / Symbole de la religion musulmane, comme la croix est celui de la religion chrétienne.

26 / L'énumération des « faits » souligne l'étendue du désastre. Le dernier dans cette liste d'échecs culturels (la confusion « des mouvements de l'esprit ») est peut-être le plus sérieux pour Valéry, car il est lui-même un sceptique qui croit au pouvoir de la raison.

27 / Il s'agit du navire de notre civilisation. Les lampes éclairent l'intérieur du navire : la tempête est si forte que ces lampes se renversent, or, c'étaient celles qui éclairaient l'équipage. Où avez-vous déjà vu l'image du navire en danger ?

Fin de la troisième partie : décrivez les idées et les images que vous avez notées.

28 / La quatrième partie commence par une reprise de la personnification de l'Europe. Valéry veut recréer l'état du patient avant la maladie : c'est-à-dire de l'Europe en 1914, immédiatement avant la guerre.

ne sait encore quelles idées et quels modes d'expression seront inscrits sur la liste des pertes, quelles nouveautés seront proclamées.

L'espoir, certes, demeure et chante à demi-voix :

5   Et cum vorandi vicerit libidinem
       Late triumphet imperator spiritus.[23]

Mais l'espoir n'est que la méfiance° de l'être° à l'égard des° prévisions° précises de son esprit. Il suggère que toute conclusion défavorable à l'être *doit être* une
10 erreur de son esprit.[24] Les faits, pourtant, sont clairs et impitoyables. Il y a des milliers de jeunes écrivains et de jeunes artistes qui sont morts. Il y a l'illusion perdue d'une culture européenne et la démonstration de l'impuissance de la connaissance à sauver quoi que ce
15 soit ;° il y a la science, atteinte° mortellement dans ses ambitions morales, et comme déshonorée par la cruauté de ses applications ; il y a l'idéalisme, difficilement vainqueur, profondément meurtri,° responsable de ses rêves ; le réalisme déçu, battu, accablé de crimes et de
20 fautes ; la convoitise° et le renoncement° également bafoués ;° les croyances confondues dans les camps, croix contre croix, croissant contre croissant ;°[25] il y a les sceptiques eux-mêmes désarçonnés° par des événements si soudains, si violents, si émouvants, et qui°
25 jouent avec nos pensées comme le chat avec la souris, — les sceptiques perdent leurs doutes, les retrouvent, les reperdent, et ne savent plus se servir des mouvements de leur esprit.[26]

L'oscillation° du navire a été si forte que les lampes
30 les mieux suspendues se sont à la fin renversées.[27]

Ce qui donne à la crise de l'esprit sa profondeur et sa gravité, c'est l'état dans lequel elle a trouvé le patient.[28]

Je n'ai ni le temps ni la puissance de définir l'état
35 intellectuel de l'Europe en 1914. Et qui oserait tracer un tableau de cet état ? Le sujet est immense ; il demande des connaissances de tous les ordres,° une information infinie. Lorsqu'il s'agit, d'ailleurs, d'un ensemble aussi complexe, la difficulté de reconstituer le passé, même le plus récent, est toute comparable à la difficulté de

Marginal glosses:

- distrust | human being
- in regard to | predictions
- anything at all | wounded
- bruised
- greed | renunciation
- made fools of
- crescent
- unhorsed
- (les événements)
- swaying
- of all kinds

29 / Remarquez la manière familière et amusante dont l'auteur exprime cette idée : le passé récent est parfois aussi difficile à connaître que l'avenir. Y a-t-il un changement de ton par rapport au début du texte ?

30 / En essayant de voir les traits saillants de la pensée européenne en 1914, Valéry ne trouve que chaos : un « rien infiniment riche » composé de plusieurs éléments qui s'annulent.

31 / S'il n'y a pas d'ombre pour rendre visibles les parties éclairées, on ne pourra rien voir.

32 / Expliquez le sens de *moderne* pour Valéry. Pourquoi ne veut-il pas identifier *moderne* et *contemporain* ? Croyez-vous, comme lui, qu'il y ait des époques *modernes* très anciennes ?

33 / L'affirmation d'une seule manière de vivre n'est pas *moderne*, suivant la définition de Valéry.

construire l'avenir, même le plus proche ; ou plutôt, c'est la même difficulté. Le prophète est dans le même sac que l'historien. Laissons-les-y.[29]

5 Mais je n'ai besoin maintenant que du souvenir vague et général de ce qui se pensait à la veille de° la guerre, des recherches qui se poursuivaient, des œuvres qui se publiaient.

Si donc je fais abstraction de tout détail,° et si je me borne° à l'impression rapide, et à ce *total naturel* que
10 donne une perception instantanée, je ne vois — rien ! — Rien, quoique ce fût un rien infiniment riche.[30]

Les physiciens° nous enseignent que dans un four porté à l'incandescence,° si notre œil pouvait subsister,° il ne verrait — rien. Aucune inégalité lumineuse ne
15 demeure et ne distingue les points de l'espace.[31] Cette formidable énergie enfermée aboutit à° l'invisibilité, à l'égalité insensible. Or, une égalité de cette espèce n'est autre chose que le désordre à l'état parfait.

Et de quoi était fait ce désordre de notre Europe
20 mentale ? — De la libre coexistence dans tous les esprits cultivés des idées les plus dissemblables, des principes de vie et de connaissance les plus opposés. C'est là ce qui caractérise une époque *moderne*.

Je ne déteste pas de généraliser la notion de moderne
25 et de donner ce nom à certain mode d'existence, au lieu d'en faire un pur synonyme de contemporain. Il y a dans l'histoire des moments et des lieux où nous pourrions nous introduire, nous modernes, sans troubler excessivement l'harmonie de ces temps-là, et sans y paraître des
30 objets infiniment curieux,° infiniment visibles, des êtres choquants, dissonants, inassimilables. Où notre entrée ferait le moins de sensation, là nous sommes presque chez nous.[32] Il est clair que la Rome de Trajan, et que l'Alexandrie des Ptolémées nous absorberaient plus
35 facilement que bien des localités moins reculées° dans le temps, mais plus spécialisées dans un seul type de moeurs et entièrement consacrées à une seule race, à une seule culture et à un seul système de vie.[33]

Eh bien ! l'Europe de 1914 était peut-être arrivée à
40 la limite de ce modernisme. Chaque cerveau d'un certain rang était un carrefour° pour toutes les races de l'opi-

what was being thought just before

If I generalize

limit myself

physicists

furnace heated white-hot | survive

ends in

strange looking

less far back

crossroads

34 / Valéry fait allusion à une sorte de grande foire internationale (une *World's Fair* ou *Expo*) où l'on étalait les produits de tous les pays.

35 / Amère conclusion de la quatrième partie : tout le passé humain, rassemblé maintenant dans un effort désespéré pour surmonter la destruction de la guerre, ne fait que brouiller l'esprit et réduire les perspectives à un chaos de pensées contraires.

36 / Valéry décrit un livre récent dont il ne nous donne ni le titre ni le nom d'auteur. Ce livre anonyme doit représenter tout un état d'esprit contemporain.

37 / Edmond et Jules Goncourt, écrivains français du dix-neuvième siècle, auteurs de romans, d'études sur l'art, et d'un journal fort connu.

38 / Relevez les phrase ironiques qui introduisent chaque élément du pot-pourri.

39 / Quelle est la fonction stylistique de cette cinquième partie ? Quel est son rapport avec ce qui précède ? Comment reprend-elle les thèmes dominants de l'essai ?

40 / Le château d'Hamlet, au Danemark.

41 / Dans cette dernière section, la personnification toujours présente au cours de l'essai prend sa forme achevée, concrète, dans la figure d'Hamlet. Quels aspects de l'Hamlet de Shakespeare pourraient convenir à la description de l'Europe moderne, suivant Valéry ?

Pourquoi la terrasse du château d'Hamlet à Elsinore s'étend-elle jusqu'à la Suisse, l'Allemagne, la Belgique, et la France ?

42 / Référence à la scène d'*Hamlet* où Hamlet prend le crâne de Yorick et médite sur la vie et sur la mort. Ici, l'Hamlet européen essaie de saisir la vérité en cherchant dans les grands crânes du passé. Yorick n'était que le bouffon du roi, un homme ordinaire, mais ces crânes-ci sont des crânes illustres : Léonard de Vinci, Leibniz, Kant et les philosophes qu'il a engendrés.

nion ; tout penseur, une exposition universelle[34] de pensées. Il y avait des œuvres de l'esprit dont la richesse en contrastes et en impulsions contradictoires faisait penser aux effets d'éclairage insensé° des capitales de ce temps-là : les yeux brûlent et s'ennuient... Combien de matériaux, combien de travaux, de calculs, de siècles spoliés,° combien de vies hétérogènes additionnées a-t-il fallu pour que ce carnaval fût possible et fût intronisé° comme forme de la suprême sagesse et triomphe de l'humanité.[35]

Dans tel livre° de cette époque[36] — et non des plus médiocres — on trouve, sans aucun effort — une influence des ballets russes, — un peu du style sombre de Pascal, — beaucoup d'impressions du type Goncourt,[37] — quelque chose de Nietzsche, — quelque chose de Rimbaud, — certains effets dûs à la fréquentation des peintres, et parfois le ton des publications scientifiques, — le tout parfumé d'un je ne sais quoi° de britannique difficile à doser... °[38] Observons, en passant, que dans chacun des composants° de cette mixture, on trouverait bien d'autres corps. Inutile de les rechercher : ce serait répéter ce que je viens de dire sur le modernisme, et faire toute l'histoire mentale de l'Europe.[39]

Maintenant, sur une immense terrasse d'Elsinore,[40] qui va de Bâle à Cologne, qui touche aux sables de Nieuport,° aux marais° de la Somme, aux craies° de Champagne, aux granits d'Alsace, — l'Hamlet européen regarde des millions de spectres.[41]

Mais il est un Hamlet intellectuel. Il médite sur la vie et la mort des vérités. Il a pour fantômes° tous les objets de nos controverses ; il a pour remords° tous les titres° de notre gloire ; il est accablé sous le poids des découvertes, des connaissances, incapable de se reprendre à cette activité illimitée. Il songe à l'ennui de recommencer le passé, à la folie de vouloir innover° toujours. Il chancelle° entre les deux abîmes, car deux dangers ne cessent de menacer le monde : l'ordre et le désordre.

S'il saisit un crâne,° c'est un crâne illustre.°[42] — Whose was it ? — Celui-ci fut Lionardo. Il inventa l'homme volant,° mais l'homme volant n'a pas précisément servi

crazy lighting effects

plundered

established

In such and such a book

flavored with a certain something
measure out
parts

in Belgium / swamps / chalk pits

ghosts
remorse
certificates

innovate
totters, wavers

skull / famous

flying

43 / Emploi humanitaire envisagé par Léonardo pour l'homme volant.

44 / *Engendra* : parodie du style biblique dans la Genèse.

45 / La crise de l'esprit peut amener la folie totale, la perte du sens de l'identité. L'intellect européen, suggère Valéry, risque de se perdre.

46 / Cet Hamlet moderne, encore bouleversé par la destruction et la brutalité de la guerre est pessimiste : comme certains psychologues de nos jours, il croit à l'hostilité inévitable entre les hommes et interprète les œuvres créatrices comme des actes de guerre manqués.

47 / Hamlet ne garde pas assez d'énergie pour créer à son tour : il est épuisé par toutes les créations européennes qu'il voit détruites ou utilisées à des fins militaires, et trop déçu par l'interprétation pessimiste qu'il vient de donner à tout effort créateur.

48 / Echo du vocabulaire et des tentatives de Baudelaire et de Rimbaud.

49 / L'humour de Valéry allège un peu ce ton funèbre à la fin.

50 / Hamlet parle aux « millions de spectres » dont il est environné au commencement de la scène.

51 / Référence aux *prévisions précises de son esprit* (p. 165) et à leur manière de détruire l'espoir et l'être.

52 / Si le sens de l'individu créateur (le *Moi*) se perd, il ne restera rien hormis une activité chaotique et fourmillante d'êtres humains réduits au niveau des bêtes — ou plutôt des insectes.

En faisant prononcer ces mots pessimistes non pas par lui, mais par Hamlet, Valéry donne la parole à la paralysie mentale de l'Europe civilisée. La crise qu'il vient d'analyser trouve ici sa voix, elle renonce à l'être même dans une sorte de suicide spirituel.

Peut-on dire que c'est la voix de Valéry qu'on entend ? Ou ce changement rhétorique indique-t-il, au contraire, que Valéry se sépare de ce que dit Hamlet ?

A la fin de l'essai, Hamlet en est venu à personnifier la civilisation occidentale qui se regarde mourir. La civilisation moderne en général, telle que nous l'avons vue au début de l'essai, est réduite à une société animale, une *fourmilière*. Tel est, peut-être, le danger de l'époque moderne ; et c'est de là que provient la vraie crise de l'esprit, que l'auteur a réussi à nous présenter sous une forme imagée.

Dans cet essai, Valéry tente-t-il de convaincre ? Ou bien se livre-t-il à une sorte de méditation solitaire ? S'adresse-t-il souvent à son lecteur ? Toujours sur le même ton ? Son raisonnement est-il rigoureux ? Ce texte vous paraît-il émouvant ? Vous communique-t-il un sentiment d'angoisse ?

les intentions de l'inventeur : nous savons que l'homme volant monté sur un grand cygne° (*il grande uccello sopra del dosso del suo magnio cecero*) a, de nos jours, d'autres emplois° que d'aller prendre de la neige à la cime des
5 monts° pour la jeter, pendant les jours de chaleur, sur le pavé° des villes.[43] Et cet autre crâne est celui de Leibniz qui rêva de la paix universelle. Et celui-ci fut *Kant, Kant qui genuit*° *Hegel, qui genuit Marx, qui genuit...*[44]

    Hamlet ne sait trop que faire de° tous ces crânes.
10 Mais s'il les abandonne ! ... Va-t-il cesser d'être lui-même ?[45] Son esprit affreusement clairvoyant° contemple° le passage de la guerre à la paix. Ce passage est plus obscur, plus dangereux que le passage de la paix à la guerre ; tous les peuples en sont troublés, « Et moi,
15 se dit-il, moi, l'intellect européen, que vais-je devenir ? ... Et qu'est-ce que la paix ? *La paix est, peut-être, l'état de choses dans lequel l'hostilité naturelle des hommes entre eux se manifeste par*° *des créations, au lieu de se traduire par des destructions comme fait la guerre.*[46] C'est le temps d'une
20 concurrence créatrice,° et de la lutte° des productions. Mais Moi, ne suis-je pas fatigué de produire ?[47] N'ai-je pas épuisé° le désir des tentatives° extrêmes et n'ai-je pas abusé des° savants mélanges ?[48] Faut-il laisser de côté° mes devoirs difficiles et mes ambitions trans-
25 cendantes ? Dois-je suivre le mouvement et faire comme Polonius, qui dirige maintenant un grand journal ?° comme Laertes, qui est quelque part° dans l'aviation ? comme Rosencrantz, qui fait je ne sais quoi sous un nom russe ?[49]

30   — Adieu, fantômes ![50] Le monde n'a plus besoin de vous. Ni de moi ! Le monde, qui baptise du nom de progrès sa tendance à une précision fatale,[51] cherche à unir aux bienfaits de la vie les avantages de la mort. Une certaine confusion règne encore, mais encore un
35 peu de temps et tout s'éclaircira ; nous verrons enfin apparaître le miracle d'une société animale, une parfaite et définitive fourmilière.°»[52]

Margin glosses:
- *swan*
- *other tastes*
- *from moutain tops*
- *pavement*
- *begat Latin*
- *what to do with*
- *fearfully clear-sighted*
- *watches*
- *is shown by*
- *creative competition / struggle*
- *exhausted / attempts*
- *overused*
- *leave aside*
- *now a newspaper editor*
- *somewhere*
- *anthill*

André Gide

(1869-1951)

romancier

essayiste

Gide a écrit « L'Avenir de l'Europe » en 1923, en réponse à une enquête de la *Revue de Genève*. Homme de lettres connu pour sa vision internationale et humaniste, Gide utilise la conversation qu'il a eue avec un ancien ministre chinois comme point de départ pour une comparaison entre deux cultures, ou plutôt pour faire ressortir les tendances actuelles de sa propre civilisation. Comme l'indique le titre, cette perspective reste largement européenne en dépit des longs discours du ministre chinois. Gide s'occupe de l'Europe du commencement jusqu'à la fin : dans l'introduction, où il suggère une perspective internationale aux enfants de son propre pays, dans la conversation centrale, où le ministre chinois décrit l'Europe qu'il vient de visiter, et à la fin où l'auteur reprend l'analyse de l'Europe moderne. Gide suggère que la solution aux problèmes modernes ne réside pas essentiellement dans les systèmes politiques, et que la réforme politique doit venir d'une réforme individuelle. Il choisit la forme de l'essai narratif, en partie dramatique, pour considérer des problèmes moraux et sociaux qui nous concernent toujours. On voit reparaître le même dialogue de nos jours : les fermes collectives de la Chine et les kibbutzim d'Israel ne contrastent-ils pas avec l'individualisme politique tant revendiqué en France et aux Etats-Unis ?

1 / *Emile, ou de l'éducation,* livre de Jean-Jacques Rousseau (1712–1778)
   où celui-ci donne l'exemple de l'éducation parfaite, celle qui stimule
   et oriente la curiosité naturelle de l'élève (Emile).

2 / Est-ce que ce début vous surprend ? Quelle méthode d'enseignement
   Rousseau recommande-t-il ? Quel rapport vous semble-t-il exister
   entre le titre et le début de l'essai ?

3 / L'auteur donnerait à son élève le sens du relatif. Quelle perspective
   politique commence à se faire voir ici ?

L'Avenir de l'Europe

Si j'avais à enseigner la géographie à un enfant, je parti-
rais du plan de son jardin — comme faisait Rousseau, ce
me semble — de l'espace qu'Emile[1] peut parcourir,°   *traverse, wander in*
de l'horizon qu'atteint sa propre vue ; puis, projetant°   *extending*
5   sa curiosité par delà ce que sa vue peut atteindre.[2]

     Mais ce petit jardin, d'où nous serions partis,
j'aurais soin d'autre part de retenir l'enfant d'en suré-
valuer l'importance ; j'aurais grand souci de lui enseigner de bonne heure quel peu de place ce petit champ
10   de légumes et de fleurs occupe dans la contrée, quel peu
de place cette contrée dans la France, et la France sur le
globe terrestre dont souvent je ramènerais l'image sous
ses yeux.[3]

     Je ne lui révèlerais pas trop tôt quel imperceptible
15   point ce globe lui-même est dans l'espace, par crainte
de le décourager ; et sans doute n'inviterais-je son esprit
à ces dernières considérations qu'après l'avoir per-
suadé que ces questions de dimension, en regard de°   *in comparison with*
l'esprit, n'ont après tout nulle importance ; et je ne le
20   retiendrais pas de penser que peut-être pour nous per-

4 / Quel stratagème Gide trouve-t-il pour encourager cet étudiant à ne pas se sentir perdu dans les espaces infinis ? Pourquoi *ces questions de dimension* ne sont-elles pas importantes ?

5 / Quelles précautions l'auteur a-t-il prises avant de mentionner l'Europe ? Pourquoi ?

6 / Ici s'arrête la fiction du professeur et de l'élève. A quoi a-t-elle servi ?

7 / Quel thème l'auteur reprend-il ici d'une manière différente ?

8 / D'après l'Ancien Testament, la femme de Loth fut changée en statue de sel pour avoir regardé derrière elle (malgré la défense expresse de Dieu) pendant qu'elle fuyait Sodome. Quelle attitude cet exemple biblique sert-il à illustrer ? Quel rapport voyez-vous entre cette attitude et ce que l'auteur enseignerait à un enfant ? (Relisez les trois premiers paragraphes.)

mettre, à nous, d'être, et à la moindre des choses de l'esprit, à travers nous, de se produire, il ne fallait pas moins d'immensité ; pas moins de mondes pour maintenir en équilibre notre monde, pour balancer son
5 rythme, tempérer son humeur et régler ses marées.°4   *tides*
Que sur ce globe enfin telle heureuse proportion de terre et d'eau, tel écartement° du soleil, entre tous con-   *distance*
tinents surent° favoriser notre Europe...5 Le laisserais-je   *could*
penser que, dans cette Europe même, la France occupe
10 un rang privilégié ? Peut-être ; mais pour lui apprendre dès lors, à exiger beaucoup de lui. Et lui parlant de la Grèce et de l'Italie, je ne lui permettrais pas d'ignorer quelle nuit couvrait nos terres, durant l'insigne° splen-   *remarkable*
deur du monde antique. Je l'amènerais à admettre que,
15 de cette splendeur, nous ne sommes pas les seuls héritiers, à comprendre que les foyers° de civilisation se   *centers*
sont déplacés° lentement et peuvent se déplacer encore ;   *moved, changed*
que ces foyers se sont élargis° et que, lorsqu'on parle   *grown bigger*
aujourd'hui de civilisation occidentale, ce n'est pas tel
20 pays en particulier, mais l'Europe entière qu'il s'agit de considérer.6

La génération dont je fais partie était casanière ;°7   *home-loving*
elle ignorait beaucoup l'étranger, et, loin de souffrir de cette ignorance, était prête à s'en glorifier. Trop facile-
25 ment convaincue qu'elle n'ignorait que ce qui ne valait pas la peine d'être connu, elle trouvait dans cette ignorance même une garantie de supériorité. Il me semble que la génération qui nous succède est plus curieuse ;
elle ne méconnaît° point le plaisir et le profit de l'aven-   *ignore*
30 ture ; elle ne se sent plus, comme la nôtre, revenue de tout sans être allée nulle part.° Elle comprend comme il   *come back from every-
where without having
gone anywhere*
faut l'histoire de la femme de Loth et qu'à reporter ses
regards en arrière,° à contempler sans cesse « la Terre et   *in looking back*
les Morts », on devient une statue de sel.8 Ce qu'elle
35 cherche dans la tradition et dans l'étude du passé, c'est
un élan...°   *push forward*

Après tout, je ne suis pas bien sûr qu'elle soit ainsi, cette génération nouvelle ; mais c'est ainsi que je la souhaite, — tenant pour une grave erreur de croire que
40 l'on connaît son propre pays d'autant mieux que l'on connaît moins bien les autres. Pour ma part je puis dire

9 / En quoi ce paragraphe sert-il de pivot entre la première partie et ce qui suit ? Comparez ce début avec celui de l'essai écrit par Valéry : est-ce que le ton est le même ?

10 / Le Chinois (la Chine était appelée le « Céleste Empire »). L'épithète est légèrement ironique. Pourquoi l'auteur accepte-t-il l'invitation qui lui est faite ? Comment la raison qu'il donne est-elle reliée à ce qui précède ?

11 / Comment Gide nous montre-t-il dans cette scène que nous gardons tous des idées toutes faites au sujet d'une autre civilisation ?

que c'est en milieu étranger que j'ai le mieux compris, le plus aimé la France. On ne peut bien juger sans quelque recul ;° et c'est aussi là ce qui fait qu'il faut se quitter pour se connaître.[9]

distance

5   Pour bien juger de l'Europe, n'ayant pu jusqu'à ce jour aller en Chine, mais du moins pensant qu'un jugement venu de là-bas pourrait m'instruire, j'acceptai avec empressement° l'occasion que m'offrit, il y a deux ans, Arthur Fontaine, de dîner avec un Chinois. Le Céleste[10]

eagerness

10 en question, ex-ministre de l'Intérieur ou des Finances, en Europe depuis quelques mois, voyageait de pays en pays, désireux de se renseigner, de s'instruire et, lui aussi sans doute, de s'éloigner un peu de son pays pour le juger.

    A ce dîner que l'on donnait en son honneur, il

15 arriva fort en retard. Ce retard s'expliqua par la suite, lorsqu'on vit qu'il ne touchait aux mets° offerts que par politesse et du bout des lèvres, faisant seulement semblant° de manger. Evidemment il se méfiait de° la cuisine européenne et avait pris soin de se nourrir

dishes, food

only pretending | distrusted

20 auparavant. Si instruit qu'il fût° de notre civilisation occidentale, il ne parlait pas le français et ne sortait qu'accompagné d'un autre Chinois, son interprète, — qui paraissait âgé de moins de vingt ans, mais qui peut-être en avait plus de quarante. On vieillit lentement là-

As well-informed as he was

25 bas.[11] — L'ex-ministre souhaitait m'interviewer sur la littérature française, me dit Fontaine ; ce pourquoi j'eus l'honneur, à table, d'être assis entre son interprète et lui.

    Dès le potage, l'interrogatoire commença. Je me

30 sentais extrêmement gêné,° car les convives° étaient nombreux, et comme, par politesse, on faisait silence pour écouter les questions du Chinois, on entendait également mes réponses. A chaque nouvelle question je me tournais d'abord du côté du ministre qui la posait

embarrassed | guests

35 en souriant, puis du côté de l'interprète qui me la transmettait en souriant ; je répondais n'importe quoi, en souriant d'abord à l'interprète, puis au ministre quand la transmission l'atteignait. C'était très long, très incommode. Préoccupé de ne rien dire qui ne pût être

40 aisément traduit en chinois, je ne répondais rien que de rudimentaire. Néanmoins, après chaque réponse et

12 / *La Chine* (1920), par Emile Hovelaque.

13 / Qu'y a-t-il de comique dans cette scène ? Où l'ironie de l'auteur à l'égard de lui-même et des autres est-elle sensible ? Comment l'emploi des mots *transmit* et *émit* renforce-t-il le sentiment de séparation culturelle ? Qu'y a-t-il de surprenant dans la réponse du Chinois ?

14 / Le ministre approuve-t-il ces changements ? Ou regarde-t-il volontiers en arrière avec nostalgie ?

15 / Quelle attitude pense-t-on découvrir dans les mots *se désemmaillotte,* et *réveillée* ? Reflète-t-elle l'opinion du Chinois ?

avant de poser une question nouvelle, le ministre ne manquait pas° de me faire savoir que ma subtilité le charmait, et l'excès de sa politesse achevait de me déconcerter.° Il importait à° la Chine de connaître ce que
5 je pensais du retentissement° que la guerre pourrait avoir sur le roman, la poésie, les arts... Je compris que j'étais perdu si je ne prenais pas l'offensive, et brusquement, me dérobant° au questionnaire, je priai° l'interprète d'exprimer en chinois le vif désir que j'avais d'aller en
10 Chine. (Ce n'était là rien que de vrai. La Chine m'a toujours beaucoup attiré.° Le remarquable livre de Hovelaque[12] sur ce pays, que j'ai lu depuis, n'a fait qu'aviver° ce désir.) L'interprète transmit. Le ministre sourit de plus belle,° émit[13] un son bref — que l'inter-
15 prète interpréta :

— Dépêchez-vous.°

Cependant les autres convives, découragés par nos premiers propos, commençaient à parler entre eux ; et je pense que le ministre autant que moi, de ne plus nous
20 sentir écoutés nous nous sentîmes plus à l'aise.° La conversation s'engagea° vraiment.

— Bouleversée° par la révolution, la Chine change d'aspect rapidement, reprit le ministre ; encore un peu de temps et le voyageur n'y pourra plus rien reconnaître
25 de ce qui faisait sa valeur.[14]

J'étais curieux de savoir si ce mouvement révolutionnaire était précédé, accompagné ou suivi de quelque réforme religieuse. Le ministre s'excusa de ne comprendre pas bien ma question.
30 — Le Chinois, me dit-il, vit selon une morale, mais n'a jamais eu, à proprement parler, de religion. Aucun besoin mystique ne le tourmente.

— Cette révolution, demandai-je, est-elle née spontanément du pays, ou pensez-vous lui devoir attri-
35 buer une cause étrangère ?

— Assurément, répondit-il. La jeune Chine, qui s'agite, se soulève et se désemmaillotte° de son passé, a été préalablement réveillée[15] par les idées occidentales.

— Je m'en doutais, dis-je ; mais comme je le voyais
40 toujours sourire, je pus croire un instant qu'il se félicitait de ce réveil :°

never failed

*disconcert, confuse |
It was important for*
repercussion

escaping | asked

attracted

revive
even more

Hurry up.

we felt more comfortable
began
Upset

takes off its swaddling clothes

was pleased with this awakening

16 / Le Mont-Cassin (Montecassino) est un monastère italien très connu pour sa beauté architecturale. (Il a été gravement endommagé pendant la Deuxième Guerre.) Qu'est-ce que l'auteur admire chez ce Chinois ? Pouvez-vous faire un rapprochement avec une phrase antérieure où se manifestait un sentiment de même nature ? Quel contraste l'auteur établit-il avec les Européens ?

— Non, non ! fit-il alors ; je ne suis pas de ceux qui souhaitent° le changement, et rien ne pourra valoir à mes yeux la Chine qui va disparaître. Mais qu'y faire ? et que sert de se désoler ? Votre monde occidental a
5 semé° parmi nous ses ferments. Trois de vos auteurs en particulier ont profondément agi sur nos esprits : Dostoïevsky, Ibsen et Shaw.

Je m'étonnai : Dostoïevsky passait encore, qui nous paraît, à nous extrême-occidentaux, parfois quasi
10 asiatique. Mais Ibsen ? ... Quant à Bernard Shaw, les institutions contre lesquelles il s'insurge° sont si particulièrement occidentales... En quoi pouvait-il intéresser les Chinois ?

— Peu leur importe ce qu'il démolit, me fut-il
15 répondu. L'important, c'est qu'il démolisse. Ce que la jeune Chine vénère en lui, c'est l'irrespect.

Je lui demandai ce qui l'avait surtout frappé dans ses voyages. Il me dit alors qu'il était surtout sensible,° en Europe, à l'expression de fatigue, de tristesse et de
20 souci de tous les visages, et qu'il lui semblait que nous connaissions tous les arts hormis° celui, si simple, d'être heureux. Tandis qu'il me parlait j'admirais son tranquille sourire ; ses regards étaient empreints° d'une sereine bonté et me rappelaient ceux de certains reli-
25 gieux que j'avais fréquentés naguère° au Mont-Cassin ; son visage et son corps, non plus que les leurs, n'étaient marqués par aucun des stigmates° de l'âge.[16]

—L'humanité, poursuivait-il, pouvait se proposer de progresser avec usure,° ou d'empêcher l'usure en se
30 refusant au progrès. Tout l'effort de la Chine (jusqu'à ces derniers temps du moins) avait été, comme jadis celui de l'Egypte, de ne pas donner prise au temps.° Il me peignit alors l'engourdissement° voluptueux qui s'était prolongé pendant des siècles, à l'abri de° cette
35 Muraille Sacrée que ne savaient franchir° inventions ni découvertes modernes, ni tourments, ni désirs, ni ambitions démesurées. Cherchant son bonheur dans la norme, chacun n'avait souci que de ne se distinguer point de la masse, chaque jour de ne se distinguer point
40 du passé.

« Mais ce qui m'étonne chez vous, continua-t-il, ce

17 / Quelle contradiction le Chinois remarque-t-il dans la civilisation occidentale ? Qu'est-ce qui lui permet de la remarquer ?

18 / En quel sens l'Europe a-t-elle « opté pour la civilisation » ? La Chine n'a-t-elle pas de civilisation ?

n'est point qu'au demi-sommeil vous ayez préféré la vie,
et à la stagnation le progrès ; votre civilisation à sûrement élevé l'homme plus haut que nous n'avons jamais
pensé qu'il pût atteindre — mécaniquement parlant,
5 tout au moins — et vous pouvez penser que cela valait
bien quelques rides.° Ce qui m'étonne, c'est que votre   *wrinkles (of aging)*
religion, celle du moins que vous professez, la catho-
lique, la chrétienne, vous enseignait tout autre chose. Le
Christ ne vous a-t-il pas répété que le bonheur est fait
10 du renoncement à° ce dont vous tirez précisément le   *giving up*
plus de gloire et pour quoi vous vous tourmentez tant ?
Cet état d'enfance où il prétend vous ramener, cette
délectation° immédiate et constante, c'est celle même   *pleasure, enjoyment*
où nous, les Chinois, nous vivons et qu'ont si peu connue
15 les habitants de votre monde, même ceux qui se disent
chrétiens.[17]

— C'est pour avoir compris cela, lui dis-je, que
l'Eglise oppose aux innovations, aux réformes, le respect
et l'amour de la tradition, du passé.

20 — Ne croyez-vous pas, reprit-il, que tout ce dont
souffre aujourd'hui l'Europe vient de ce qu'ayant opté   *chosen | rallies to,*
pour° la civilisation,[18] elle se rallie° à une religion qui la   *joins*
nie ? Par quelle tricherie° arrivez-vous à concilier l'un   *cheating*
et l'autre ? Mais à vrai dire vous ne conciliez rien. Vous
25 vivez dans un compromis ; l'Eglise même, pour ne
perdre ni contact ni prise, est contrainte de transiger ;°   *compromise*
elle a dû consentir à tenir compte de tous les progrès de
l'esprit, par quoi elle s'écarte° de plus en plus du pur   *moves away from*
esprit de l'Evangile. Mais dès l'instant que le chris-
30 tianisme ne se contentait pas d'apporter au monde une
morale, ainsi qu'ont fait nos grands sages de l'Orient,
dès l'instant qu'il imposait des dogmes, qu'il exigeait une
croyance aux dogmes de la Foi, et demandait à la raison
de s'y soumettre, il consentait du même coup au conflit.
35 Si la raison s'oppose au dogme — et c'est, il me semble,
le cas (car si elle ne s'y opposait point, pourquoi donc
exiger de la Foi, où le simple bon sens et le raisonnement suffiraient) — l'Eglise est contrainte d'évoluer
avec la raison. C'est contre quoi se sont prémunis°   *protected themselves*
40 Lâo-Tseu, Confucius et Çakia-mouni, en ne situant pas
leur enseignement sur un plan que la raison ne pût

19 / D'après ce que vous avez pu lire de l'histoire chinoise, êtes-vous d'accord avec l'ancien ministre ? Gide examine-t-il ces affirmations du Chinois au sujet du bonheur en Chine ? Y a-t-il vraiment ici un dialogue entre deux cultures ? Quelle est la fonction réelle du Chinois dans cet essai ? Trouvez-vous que les deux interlocuteurs ont des manières différentes de s'exprimer ?

20 / Est-ce que le ton du Chinois change ? Introduit-il une nouvelle idée dans ce paragraphe ou développe-t-il une idée déjà exprimée ?

atteindre qu'en ennemie, en ne le faisant reposer jamais
sur rien de supernaturel, enfin en ne séparant point la
morale de la sagesse ; de sorte que, parmi nous, le plus
vertueux soit aussi le plus raisonnable. Grâce à quoi,
5 cette félicité que vous reportez dans le ciel, nous la
réalisons sur la terre.[19]

« J'ai beaucoup voyagé. J'ai vu des musulmans, des
bouddhistes ; j'ai vu partout les mœurs, les institutions,
l'aspect même de la société, façonnés selon les croy-
10 ances — oui, partout ; excepté chez les peuples chrétiens. Que la religion qui dit aux hommes : « De quoi
donc vous inquiétez-vous ? » qui leur enseigne à ne rien
posséder sur terre, à s'entraider, à s'entr'aimer, à ne
souhaiter jamais d'ajouter un pouce° à sa taille,° et à   *inch* / *stature*
15 tendre la joue droite à celui qui vous a frappé sur la
gauche   soit précisément celle qui ait formé les peuples
les plus inquiets, les plus riches, les plus instruits, les plus
civilisés (toutes formes de la richesse), les plus ingénieux,
industrieux, inventifs, les plus rusés,° les plus remuants°   *clever* / *agitated*
20 et turbulents, sans cesse désireux de se gonfler,° de   *to swell up, look big*
s'agrandir, ceux enfin dont ce que vous appelez l'hon-
neur est le plus chatouilleux° et s'oppose le plus au   *touchy*
pardon et à la remise...° ne conviendrez-vous pas avec   *forgiveness*
moi qu'il y a là quelque chose d'étrange, un malen-
25 tendu,° une duperie — enfin je ne sais quoi de discor-   *misunderstanding*
dant° qui vous conduit à la faillite ?°[20]   *conflicting* / *failure*

— Je crois que j'entrevois, hasardai-je, la secrète
raison de ce désaccord qui vous frappe si fort, mais auquel nous sommes habitués au point qu'il n'étonne chez
30 nous plus personne : c'est que, sans en avoir l'air, la
religion chrétienne (et la catholique à peine un peu
moins que la protestante) est une école d'individualisme ;
peut-être la meilleure école d'individualisme que
l'homme ait jusqu'à ce jour inventée.
35 Je sentais bien qu'il eût fallu développer un peu ma
pensée ; mais heureusement il ne m'en laissa pas le
temps :
— Oui, reprit-il, en manière de conciliation ; c'est
bien là ce qui vous caractérise, vous, les peuples euro-
40 péens. Chez nous, au contraire, l'individu tend à se

21 / Tel est le centre du problème. Gide ne veut abandonner ni l'individualisme, ni le bonheur, ni la curiosité intellectuelle, et espère — dans l'avenir de l'Europe — voir se réaliser un système social offrant tous ces avantages.

22 / Pourquoi l'auteur parle-t-il d'*une triste comédie* ? Quelle nouvelle partie de l'essai commence ici ?

23 / Quelle valeur cette citation de la Bible a-t-elle ici ?

fondre dans° la masse ; chez vous tout travaille à former *melt into*
des individus.²¹

Nous nous étions levés de table. Et tandis que le
Chinois refusait du café :

5 — Des individus — me redisais-je — et je cherchais
à me souvenir du mot que Montesquieu prête à Eu-
crate,° dans son dialogue avec Sylla : « Il en coûte trop *makes Eucrates say*
cher pour les produire... » Oui, c'était à peu près cela :
il en coûte trop cher — et toute cette triste comédie qui

10 se jouait sur notre monde occidental portait pour titre :
La recherche de l'individuel ou le sacrifice du bonheur ».²²

Le Chinois l'avait bien compris, pensais-je : notre
monde occidental tout entier était comparable à « celui

15 dont le cœur est partagé »,° qui, nous dit l'Ecriture, « est *divided*
inconstant dans toutes ses voies ».²³ Notre malaise vient,
en effet, de ce que la religion et la civilisation nous
tiraillent° en sens contraire, et que dans aucun sens nous *pull at us*
ne réussissons rien de pur. Ne consentant à lâcher° l'un ni *let go*

20 l'autre, nous avons fait de l'Europe le lieu du mensonge
et du compromis. Et d'une part la culture, si opposé que
lui soit l'Evangile, n'a pu non plus nier la religion que la
rejeter de son sein ; tout au contraire, ne lui apporte-t-
elle pas en hommage, en fin de compte, le profit de ses

25 infidélités ?° — Et d'autre part la religion, tout en pro- *(i.e. the profits from*
testant contre ces infidélités de la culture, en accepte *acting irreligiously)*
volontiers le profit ; elle proteste contre la culture, mais
n'ose s'opposer à elle tout à fait et se laisse entraîner par
elle extrêmement loin de son point de départ — qui

30 est l'Evangile. Enfin loin d'abandonner à César ce qui
est à César, de réserver à Dieu ce qui est à Dieu, ainsi que
le lui enseignait le Christ, nous l'avons vue lier partie° *join forces*
avec César et s'enrôler.° Nous avons vu les fruits mon- *enlist*
strueux de cette alliance adultère : nous avons vu les

35 nations d'Europe s'entreheurter° et tuer au nom du *clash*
même Dieu, au nom du Christ qui pourtant disait :
« Remets ton épée au fourreau »° à celui-là qui, lui *scabbard*
aussi, tirait l'épée pour Le défendre...

Toutes réflexions que je préférais ne pas laisser
40 connaître à un Chinois. Aussi, quand il me demanda de

24 / Pouvez-vous résumer en quelques mots les réflexions que se fait l'auteur ? Pourquoi préfère-t-il ne pas les communiquer au Chinois ?

25 / L'interlocuteur de Gide pour la *Revue de Genève.* C'est seulement maintenant que nous apprenons qu'il s'agit d'une lettre. Quand Gide dit que de Traz le « presse », trouvez-vous qu'il explique aussi la fin abrupte de la conversation ? Y a-t-il de bonnes raisons logiques et stylistiques pour terminer ici cette partie de l'essai ?

26 / Gide critique-t-il le Chinois ? l'Européen ? l'un à travers l'autre ? les deux à la fois ?

27 / Gide signale encore le vrai cadre de l'essai : une réponse à une enquête adressée à plusieurs personnes.

28 / Si les pays d'Europe ne pensent qu'à leur avenir individuel, l'Europe entière périra; Gide adopte-t-il maintenant les idées du ministre chinois ?

29 / Cette phrase répond-elle à la critique du ministre chinois ?

lui déclarer à mon tour ce que je pensais de l'Europe, je lui répondis que j'en pensais beaucoup de bien.[24]

Et maintenant que vous me pressez, mon cher de Traz,[25] que vous dirai-je ? — Que je crois que nous
5 assistons à la fin d'un monde, d'une culture, d'une civilisation ; que tout doit être remis en question, et que les partis conservateurs s'abusent s'ils estiment° pouvoir *are mistaken if they think* loger l'avenir dans les institutions du passé, car les formes vieilles ne peuvent convenir aux forces jeunes.[26]
10 Mais que sera l'Europe de demain ? demandez-vous ; et vous recevez des réponses[27] de divers pays. Je pense que, sur certains points, vos correspondants s'accorderont.° En particulier sur ceux-ci : qu'aucun pays *will agree* d'Europe ne peut plus désormais prétendre à° un *claim*
15 progrés réel de sa propre culture en s'isolant, ni sans une indirecte collaboration des autres pays ; et que, tout aussi bien au point de vue politique, économique, industriel — enfin à quelque point de vue que ce soit° — *from whatever point of view* l'Europe entière court à la ruine si chaque pays d'Europe
20 ne consent à° considérer que son salut° particulier.[28] *agree to | safety*
Mais vous n'avez là que les opinions particulières de quelques correspondants très soigneusement° choisis : *carefully* et peut-être que dictait un peu votre choix le pressenti-ment de leur réponse.° A vrai dire la question de *your anticipation of their answers dictated your choice (of correspondant)*
25 l'Europe préoccupe bien peu les esprits — ou plus exactement : ne préoccupe qu'un bien petit nombre d'esprits. Le sentiment d'un intérêt commun ne se réveille qu'en face d'un danger commun, et jusqu'à présent, le sentiment du danger n'a fait qu'opposer les
30 peuples d'Europe les uns aux autres. L'habitude en est prise et c'est pourquoi l'on consent aujourd'hui si difficilement à considérer comme un danger commun la faillite.
Le véritable esprit européen s'oppose à l'infatua-
35 tion° isolante du nationalisme ; il s'oppose également à *obsession* cette dépersonnalisation que voudrait l'internationa-lisme. Je l'ai dit maintes fois et depuis bien longtemps déjà : *c'est en étant le plus particulier° qu'on sert le mieux* *most individual* *l'intérêt le plus général,*[29] et ceci est vrai pour les pays aussi
40 bien que pour les individus. Mais cette vérité doit être

30 / Cette idée représente la leçon de quelle religion ? Gide répète-t-il la critique du ministre chinois concernant le dilemme occidental ?

31 / Notez la hiérarchie des valeurs proposée par l'auteur. Qu'est-ce qui l'oppose au ministre chinois ? les valeurs elles-mêmes ? la méthode pour arriver à ces valeurs ?

32 / Quel chemin l'auteur nous a-t-il fait parcourir ? Quel a été le rôle du dialogue dans le développement des idées ? Le fait que l'auteur utilise beaucoup la première personne (*je*) a-t-il une signification et une importance particulières pour un lecteur qui a lu tout l'essai ?

Comment, à la différence du Chinois, Gide fait-il de l'individualisme un moyen de réconciliation, et non pas une cause de schisme ? Où voyez-vous cette même discussion reprise de nos jours sur le plan de la politique nationale ou internationale, et quels sont les effets des différents systèmes sur l'organisation de la famille, de l'éducation, et du travail ?

fortifiée par la suivante : *C'est en se renonçant qu'on se trouve.*[30]

Et que cette dernière soit également vraie pour les pays, il ne nous est pas permis de l'entrevoir° tant que la politique domine et soumet° la morale. A vrai dire, les questions politiques m'intéressent moins et me paraissent moins importantes que les questions sociales ; les questions sociales moins importantes que les questions morales[31] : Je crois que la plupart des premières se ramènent à° celles-ci, et que dans tout ce que nous déplorons° aujourd'hui, il sied de° s'en prendre moins aux institutions qu'à l'homme — et que c'est lui d'abord et surtout qu'il importe de réformer.[32]

glimpse
subdues

come back to
mourn | *is a good idea*

Frantz Fanon

(1925-1961)

médecin

écrivain militant

porte-parole des colonisés
en Martinique, en Algérie,
et en Afrique Noire

Cet essai est un chapitre du livre de Frantz Fanon, *Peau noire, masques blancs* (1954), où le médecin et psychologue martiniquais examine les rapports psychologiques entre les Martiniquais « colonisés » et la culture venue de France. En considérant le rôle du langage dans ces rapports, Fanon étudie déjà un des aspects les plus révélateurs de toute culture. Son choix devient d'autant plus important quand il s'agit d'une colonie. Les Français ont tendance à attacher une valeur spéciale à leur langage : la façon de parler représente pour eux un indice évident de niveau culturel. Or, le Martiniquais parle français, bien sûr (tout comme le Québécois), mais quel français ? un français « indigène » ou un « français de France » ? Un habitant de la Martinique, colonie française où le gouvernement, l'éducation et la plupart des fonctionnaires restent français, grandit les yeux tournés vers cette patrie d'outremer. Cette façon d'adopter une échelle de valeur qui ne lui est pas propre cause de grands problèmes psychologiques pour le colonisé, qui veut garder sa propre identité mais veut aussi conserver une identité étrangère plus respectée. Fanon, dans « Le Noir et le langage », analyse cette contradiction dans l'espoir de libérer ceux qui en souffrent et de les amener à se découvrir une identité plus authentique.

L'idée que tout comportement humain se révèle dans le langage revient partout comme thème majeur. L'essai n'est pas cependant un traité scientifique et linguistique, car Fanon s'intéresse surtout au langage comme à un symptôme des croyances et du comportement de la société. Il quitte le sujet du langage pour considérer, de temps en temps, des questions philosophiques et générales. Ces digressions constituent la base nécessaire pour étudier le problème principal : les rapports entre colonisé et colonisateur, vus à travers le langage.

LE FRANÇAIS DANS LE MONDE

▮ France métropolitaine

● France d'outremer

▲ Pays où le français est parlé par une
partie importante de la population

NOUVELLE-CALÉDONIE

NOUVELLES-HÉBRIDES

POLYNÉSIE FRANÇAISE

CANADA

LOUISIANE

HAÏTI

SAINT-PIERRE-ET-MIQUELON

GUADELOUPE

MARTINIQUE

GUYANE FRANÇAISE

VIETNAM

CAMBODGE

LAOS

PONDICHÉRY

BELGIQUE
LUXEMBOURG
JERSEY   SUISSE
FRANCE   CORSE
          LIBAN

RODRIGUES

SEYCHELLES

MONACO   MAURICE
          TUNISIE   RÉUNION
MAROC   AFARS ET ISSAS

ALGÉRIE   COMORES

MAURITANIE   MADAGASCAR
SÉNÉGAL   MALI   NIGER   TCHAD   RÉP. CENTRAFICAINE
GUINÉE   HAUTE-VOLTA   RWANDA
                              CAMEROUN   BURUNDI
CÔTE D'IVOIRE TOGO   ZAÏRE
          DAHOMEY GABON CONGO

H. Faye

1 / Le *nous* n'indique pas une subjectivité d'auteur : cette forme fait partie du discours scientifique (un peu comme 1' « editorial *we* » en anglais.)

2 / L'emploi du langage révèle l'image qu'on a de soi et d'autrui. Fanon va décrire la situation du Noir dans la mesure où celui-ci se trouve décrit — même défini — par le langage qu'il emploie et qu'on emploie pour lui parler.

Notez le vocabulaire existentiel (*pour-autrui*, *exister pour l'autre*) : c'est par son langage qu'on existe pour l'auditeur, et c'est (en partie) grâce à notre façon de parler que celui-ci se fait une idée de nous. Pourquoi Fanon commence-t-il son essai par des considérations philosophiques, au lieu d'employer une anecdote comme Montaigne, Gide, ou Camus ? Qu'est-ce que cela indique sur le « point de vue » qu'il adoptera dans l'essai ?

3 / C'est-à-dire que le colonialisme européen a encouragé la division des races noires et blanches. Cette première division politique est à la base de toutes les théories raciales.

4 / Fanon vient d'expliquer la situation des Noirs vis-à-vis de la société blanche. Cette compréhension intellectuelle lui suffit-elle ? Lisez la citation de Karl Marx qui suit : comment l'idée de « transformer le monde » peut-elle expliquer le but de Fanon dans cette étude de langue ?

5 / Fanon termine ici une première partie où il a introduit ses thèmes essentiels. Relisez ces premiers paragraphes : quels mots et quelles expressions indiquent 1) une théorie du langage, 2) la perspective existentialiste, 3) le rôle historique du colonialisme, 4) l'engagement politique dans le monde, 5) un ton scientifique ou un ton personnel ?

Le Noir et le langage

Nous[1] attachons une importance fondamentale au phénomène du langage. C'est pourquoi nous estimons nécessaire cette étude qui doit pouvoir nous livrer° un des éléments de compréhension de la dimension *pour-
6 autrui*° de l'homme de couleur. Étant entendu que parler, c'est exister absolument pour l'autre.°[2]

Le Noir a deux dimensions. L'une avec son congénère,° l'autre avec le Blanc. Un Noir se comporte° différemment avec un Blanc et avec un autre Noir. Que
10 cette scissiparité° soit la conséquence directe de l'aventure colonialiste, nul doute...[3] Qu'elle° nourrisse sa veine principale au cœur des différentes théories qui ont voulu faire du Noir le lent acheminement° du singe à l'homme, personne ne songe à le contester. Ce sont des
15 évidences objectives,° qui expriment la réalité.

Mais quand on a rendu compte de cette situation, quand on l'a comprise, on tient que la tâche est terminée...[4] Comment ne pas réentendre alors, dégringolant° les marches de l'Histoire, cette voix : « Il ne s'agit plus
20 de connaître le monde, mais de le transformer. »[5]

give

otherness; lit., for the other (Sartrean term)
. . . speaking means existing in relation to someone else
fellow / behaves

division
(la scissiparité)

progression

(i.e. the political division and the existence of racist evolutionary theories are facts.)
thundering down

6 / Celui qui parle devient une partie de la culture représentée par le langage qu'il parle. (Fanon revient encore aux liens entre la civilisation et le langage.)

7 / Fanon s'amuse : l'équivalence de *blanc* et de *véritable homme* est évidemment ironique, et elle reflète les préjugés linguistiques que l'auteur est en train de combattre.

8 / *Charmes*, La Pythie. [note de Fanon]

9 / *Le langage et l'agressivité*. [note de Fanon]

10 / Fanon, qui vient de la Martinique et parle ici de son expérience antillaise, devient vite un porte-parole pour tous les colonisés ; cet ancien combattant en Algérie et conseiller de Patrice Lumumba a aussi écrit *Algérie An V* et *Les Damnés de la terre*.

11 / La *culture métropolitaine* est la culture de la France *en Europe* et surtout de Paris. Fanon dit que la puissance coloniale a tendance à supprimer les cultures locales et à devenir ainsi le seul critère de valeur. Le Martiniquais qui parle français veut parler un parisien très pur, et il imite un modèle d'outre-mer.

Il est effroyablement question de cela dans notre vie.

Parler, c'est être à même d'employer° une certaine syntaxe, posséder la morphologie de telle ou telle langue, mais c'est surtout assumer° une culture, sup-
5 porter le poids d'une civilisation.[6]

La situation n'étant pas à sens unique,° l'exposé doit s'en ressentir.° On voudra bien nous accorder° certains points qui, pour inacceptables qu'ils puissent paraître° au début, sauront trouver dans les faits le
10 critère de leur exactitude.°

Le problème que nous envisageons dans ce chapitre est le suivant : le Noir Antillais sera d'autant plus° blanc, c'est-à-dire se rapprochera d'autant plus du véritable homme[7] qu'il aura fait sienne la langue fran-
15 çaise. Nous n'ignorons pas que c'est là une des attitudes de l'homme en face de l'Être.° Un homme qui possède le langage possède par contrecoup° le monde exprimé et impliqué par ce langage. On voit où nous voulons en venir : il y a dans la possession du langage une ex-
20 traordinaire puissance. Paul Valéry le savait, qui faisait du langage

le dieu dans la chair égaré [8]

Dans un ouvrage en préparation,[9] nous nous proposons d'étudier ce phénomène.
25 Pour l'instant, nous voudrions montrer pourquoi le Noir antillais, quel qu'il soit, a toujours à se situer en face du° langage. Davantage, nous élargissons le secteur de notre description, et par-delà l'Antillais nous visons° tout homme colonisé.[10]
30 Tout peuple colonisé — c'est-à-dire tout peuple au sein duquel a pris naissance un complexe d'infériorité, du fait de la mise au tombeau° de l'originalité culturelle locale, se situe vis-à-vis du langage de la nation civilisa-trice, c'est-à-dire de la culture métropolitaine.°[11] Le
35 colonisé se sera d'autant plus échappé de sa brousse° qu'il aura fait siennes les valeurs culturelles de la métropole. Il sera d'autant plus blanc qu'il aura rejeté sa noirceur, sa brousse. Dans l'armée coloniale, et plus spécialement dans les régiments de tirailleurs séné-
40 galais,° les officiers indigènes° sont avant tout des inter-

Glosses (right margin):
- *be able to use* (line 2)
- *to adopt* (line 4)
- *one-way* (line 6)
- *reflect the fact | grant* (line 7)
- *even if they seem* (line 9)
- *measure of accuracy* (line 10)
- *all the more* (line 12)
- *Being (i.e. an existential term)* / *consequently* (lines 16–17)
- *has to take a stand in regard to* / *aim at* (lines 26–28)
- *because of the burial* (line 32)
- *(i.e. de la France)* / *bush, jungle* (lines 34–35)
- *Senegalese, sharp-shooters | native* (lines 39–40)

12 / Pourquoi Fanon emploie-t-il cet exemple, puisqu'il ne s'agit pas des Noirs ?

13 / Nous voulons dire par là que les Noirs qui reviennent près des leurs, donnent l'impression d'avoir achevé un cycle, de s'être ajouté quelque chose qui leur manquait. Ils reviennent littéralement pleins d'eux-mêmes. [Note de Fanon]

14 / Quels mots et quelles expressions révèlent l'humour de Fanon dans cette description apparemment objective ?

15 / Caricature métropolitaine de la manière dont parleraient les Martiniquais nouvellement arrivés en France.

16 / Dialecte basé sur le français qu'on parle aux Antilles et aussi à la Louisiane.

prètes. Ils servent à transmettre à leurs congénères les ordres du maître, et ils jouissent eux aussi d'une certaine honorabilité.

Il y a la ville, il y a la campagne. Il y a la capitale, il y a la province. Apparemment, le problème est le même. Prenons un Lyonnais à Paris ; il vantera le calme de sa ville, la beauté enivrante° des quais du Rhône, la splendeur des platanes,° et tant d'autres choses que chantent les gens qui n'ont rien à faire. Si vous le rencontrez à son retour de Paris, et surtout si vous ne connaissez pas la capitale, alors il ne tarira pas° d'éloges : Paris-ville-lumière, la Seine, les guinguettes,° connaître Paris et mourir...[12]

Le processus se répète dans le cas du Martiniquais. D'abord dans son île : Basse-Pointe, Marigot, Gros-Morne et, en face, l'imposant Fort-de-France. Ensuite, et c'est là le point essentiel, hors de son île. Le Noir qui connaît la métropole est un demi-dieu. Je rapporte à ce sujet un fait qui a dû frapper mes compatriotes. Beaucoup d'Antillais, après un séjour plus ou moins long dans la métropole, reviennent se faire consacrer. Avec eux l'indigène, celui-qui-n'est-jamais-sorti-de-son-trou, le « bitaco », adopte la forme la plus éloquente de l'ambivalence. Le Noir qui pendant quelque temps a vécu en France revient radicalement transformé. Pour nous exprimer génétiquement, nous dirons que son phéno-type° subit une mue° définitive, absolue.[13] Dès avant son départ, on sent, à l'allure presque aérienne de sa démarche, que des forces nouvelles se sont mises en branle.° Quand il rencontre un ami ou un camarade, ce n'est plus le large geste huméral° qui l'annonce : discrètement, notre « futur » s'incline.[14] La voix, rauque° d'habitude, laisse deviner° un mouvement interne fait de bruissements.° Car le Noir sait que là-bas, en France, il y a une idée de lui qui l'agrippera° au Havre ou à Marseille : « Je suis Matiniquais, c'est la pemiè fois que je viens en Fance »,[15] il sait que ce que les poètes appellent « roucoulement° divin » (entendez le créole) n'est qu'un moyen terme entre le petit-nègre° et le français. La bourgeoisie aux Antilles n'emploie pas le créole,[16] sauf dans ses rapports avec les domestiques. A

intoxicating

plane-trees

will never run out

suburban restaurants w/music and dancing

phenotype genetics: the environmentally and genetically determined appearance of an organism / undergoes a change

set in motion

of the arm

harsh

hints at

rustlings

fasten on to

cooing

pidgin

17 / Léon-G. Damas, *Hoquet* (Pigments). [Note de Fanon] Fanon cite un poème où Damas parle de la façon dont les mères noires, ambitieuses pour leurs fils, poussent ces derniers à assimiler la culture française.

18 / Qui suppriment les R en parlant.

19 / *Rouler/ourler* : jeu de mots qui évoque deux opérations pour faire les mouchoirs : on *roule* les bords du mouchoir avant de les coudre (*ourler*). Le Martiniquais entrant en France s'efforce d'articuler les R, mais il prolonge ce roulement en un vrai « ourlet » sonore.

20 / Quel est le fil directeur auquel se rattachent anecdotes et citations ?

l'école, le jeune Martiniquais apprend à mépriser° le
patois.° On parle de créolismes. Certaines familles
interdisent l'usage du créole et les mamans traitent
leurs enfants de « tibandes » °quand ils l'emploient.

<small>5</small>   « Ma mère voulant un fils mémorandum°
      si votre leçon d'histoire n'est pas sue
      vous n'irez pas à la messe° dimanche avec
      vos effets de dimanche°
      cet enfant sera la honte de notre nom
<small>10</small>   cet enfant sera notre nom de Dieu
      taisez-vous ai-je dit qu'il vous fallait parler français
      le français de France
      le français du Français
      le français français »[17]

<small>15</small>   Oui, il faut que je me surveille° dans mon élocution°
car c'est un peu à travers elle qu'on me jugera... On dira
de moi, avec beaucoup de mépris : il ne sait même pas
parler le français.

   Dans un groupe de jeunes Antillais, celui qui s'ex-
<small>20</small>prime bien, qui possède la maîtrise de la langue, est
excessivement craint ;° il faut faire attention à lui,°
c'est un quasi-Blanc. En France, on dit : parler comme un
livre. En Martinique : parler comme un Blanc.

   Le Noir entrant en France va réagir° contre le mythe
<small>25</small>du Martiniquais qui-mange-les-R.[18] Il va s'en saisir, et
véritablement entrera en conflit ouvert avec lui. Il
s'appliquera non seulement à rouler les R, mais à les
ourler.°[19] Epiant les moindres réactions des autres,
s'écoutant parler, se méfiant de la langue,° organe mal-
<small>30</small>heureusement paresseux, il s'enfermera dans sa chambre
et lira pendant des heures — s'acharnant° à se faire
diction.

   Dernièrement, un camarade nous racontait cette
histoire. Un Martiniquais arrivant au Havre entre dans
<small>35</small>un café. Avec une parfaite assurance, il lance : « Garrr-
çon ! un vè de biè ! »° Nous assistons là à une véritable
intoxication. Soucieux de ne pas° répondre à l'image du
nègre-mangeant-les-R, il en avait fait une bonne pro-
vision, mais il n'a pas su répartir° son effort.[20]
<small>40</small>   Il y a un phénomène psychologique qui consiste à
croire en une ouverture du monde dans la mesure où

Marginal glosses:
- *scorn*
- *dialect*
- *petits bandits argot*
- *a son just like a school-book*
- *to mass*
- *Sunday clothes*
- *I have to watch out / speech*
- *feared / watch out for him*
- *react*
- *embroider roll hems*
- *distrusting his tongue*
- *working hard*
- *verre de bière*
- *careful not to*
- *distribute*

21 / Fanon parle d'Aimé Césaire, grand poète martiniquais dont l'œuvre la mieux connue est un long poème autobiographique, *Cahier d'un retour au pays natal.*

22 / P. 30. [Note de Fanon] Fanon cite le *Cahier d'un retour au pays natal.* « This flat town, tripping over its common sense, inert, out of breath under its geometric burden of crosses beginning over and over again, unwilling to accept its fate, mute, thwarted in every way, unable to grow in accord with the sap of the land, hindered, cut back, diminished, aborted of its fauna and flora. » Ce passage, comme le poème de Damas qui précède, montre la maîtrise du français chez deux poètes antillais. Comment ces deux exemples de « littérature francophone » s'intègrent-ils au thème central de l'essai ?

23 / Spéculations d'un humour assez sardonique. On se rappelle que Fanon est médecin.

24 / L'auteur explore son sujet en variant les perspectives : il y a des réflexions philosophiques, des anecdotes, des citations, etc. Comment ces digressions apparentes s'intègrent-elles au raisonnement central ? Pouvez-vous rapprocher cette manière de procéder de celle de Montaigne ?

25 / Nouveau développement : la mention des tests médicaux amène Fanon à examiner les rapports entre la science et la liberté humaine. Il distingue deux attitudes scientifiques : l'une qui croit que la nature humaine est *fixe*, et que l'on n'a qu'à relever les déviations de la norme, et l'autre qui trouve que la nature humaine *n'est pas à formuler*, mais existe dans une expérience variée, changeante, et souvent inattendue. Quelle opinion Fanon adopte-t-il ? Dans quelle mesure cette attitude est-elle prévue par la citation de Marx au commencement ? Quelle attitude adoptent ceux qui ne voient dans le Noir qu'un Blanc imparfait ?

les frontières se brisent. Le Noir, prisonnier dans son île, perdu dans une atmosphère sans le moindre débouché,° ressent° comme une trouée d'air° cet appel de l'Europe. Parce que, il faut le dire, Césaire fut mag-

5 nanime — dans son *Cahier d'un retour au pays natal.*[21] Cette ville, Fort-de-France, est véritablement plate, échouée. Là-bas, aux flancs de ce soleil, « cette ville plate, étalée, trébuchée° de son bon sens, inerte, essoufflée sous son fardeau géométrique de croix éternelle-

10 ment recommençantes, indocile à son sort, muette, contrariée de toute façon, incapable de croître° selon le suc de cette terre, embarrassée, rognée,° réduite, en rupture de° faune et de flore. »[22]

La description qu'en donne Césaire n'est nullement

15 poétique.° On comprend alors que le Noir, à l'annonce de son entrée en France (comme on dit de quelqu'un qui fait son « entrée dans le monde ») jubile° et décide de changer. D'ailleurs, il n'y a pas thématisation,° il change de structure indépendamment de toute démarche

20 réflexive.° Il existe aux Etats-Unis un centre dirigé par Pearce et Williamson ; c'est le centre de Peckam. Les auteurs ont prouvé qu'il y avait chez les gens mariés un remaniement° bio-chimique, et, paraît-il, ils auraient décelé° la présence de certaines hormones chez l'époux

25 d'une femme gestante.° Il serait aussi intéressant, il s'en trouvera d'ailleurs pour le faire,° de rechercher les bouleversements humoraux° des Noirs à leur arrivée en France.[23] Ou simplement d'étudier par des tests les modifications de leur psychisme° avant leur départ et

30 un mois après leur installation en France.[24]

Il y a un drame dans ce qu'il est convenu d'appeler les sciences de l'homme. Doit-on postuler une réalité humaine type° et en décrire les modalités° psychiques, ne tenant compte que° des imperfections, ou bien ne

35 doit-on pas tenter sans relâche° une compréhension concrète et toujours nouvelle de l'homme ? [25]

Quand nous lisons qu'à partir de vingt-neuf ans l'homme ne peut plus aimer, qu'il lui faut attendre quarante-neuf ans pour que réapparaisse son affectivité,°

40 nous sentons le sol se dérober.° On ne s'en sortira qu'à la condition expresse de bien poser le problème,° car

26 / Que veut dire cette expression : « capitulation de l'homme » ? S'agit-il d'un homme spécifique ?

27 / Un moteur qui a des ratés ne fonctionne pas bien. Quels sont les « ratés » psychologiques dont il parle ici ? Comment l'auteur, en tant que médecin et psychologue, propose-t-il de guérir ces « ratés » ?

28 / Panissières est une commune de la Loire. Fanon montre ici que le gouvernement local et tous les personnages ayant quelque pouvoir en province viennent de la France.

29 / Chanson d'adieu aux vêtements typiques du pays natal : c'est-à-dire, un adieu à la vie provinciale.

toutes ces découvertes, toutes ces recherches ne tendent
qu'à une chose : faire admettre à l'homme qu'il n'est
rien, absolument rien — et qu'il lui faut en finir avec ce
narcissisme° selon lequel il s'imagine différent des
5 autres « animaux ».

Il y a là ni plus, ni moins *capitulation de l'homme*.°26

A tout prendre,° je saisis mon narcissisme à pleines
mains et je repousse l'objection de ceux qui veulent faire
de l'homme une mécanique. Si le débat° ne peut pas
10 s'ouvrir° sur le plan° philosophique, c'est-à-dire de l'exi-
gence° fondamentale de la réalité humaine, je consens à
le mener sur celui de la psychanalyse, c'est-à-dire des
« ratés »,° au sens où l'on dit qu'un moteur° a des
ratés.27

15 Le Noir qui entre en France change parce que pour
lui la métropole représente le Tabernacle ; il change non
seulement parce que c'est de là que lui sont venus
Montesquieu, Rousseau et Voltaire, mais parce que c'est
de là que lui viennent les médecins, les chefs de service,
20 les innombrables petits potentats° — depuis le sergent-
chef « quinze ans de service » jusqu'au gendarme origi-
naire de Panissières.28 Il y a une sorte d'envoûtement° à
distance, et celui qui part dans une semaine à destina-
tion de la Métropole crée autour de lui un cercle magique
25 où les mots Paris, Marseille, la Sorbonne, Pigalle représentent les clés de voûte.° Il part et l'amputation de son
être disparaît à mesure que° le profil du paquebot se
précise. Il lit sa puissance, sa mutation, dans les yeux de
ceux qui l'ont accompagné. « Adieu madras, adieu
30 foulard. »29

Maintenant que nous l'avons conduit au port,
laissons-le voguer,° nous le retrouverons. Pour l'instant,
allons à la rencontre de l'un d'entre eux qui revient.
Le « débarqué »,° dès son premier contact, s'affirme ;°
35 il ne répond qu'en français et souvent ne comprend plus
le créole. A ce propos, le folklore nous fournit° une
illustration. Après quelques mois passés en France, un
paysan retourne près des siens. Apercevant un instrument aratoire,° il interroge son père, vieux campag-
40 nard à-qui-on-ne-la-fait-pas.° « Comment s'appelle cet
engin ? »° Pour toute réponse, son père le lui lâche° sur

*that he must give up
this fascination with
himself (narcissism)*
human surrender
everything considered

discussion
begin | level
needs

failures | engine

rulers

magic spell

keystones of arches
as

sail

*new arrival | asserts
himself*
provides

agricultural
nobody's fool
device | drops it

30 / Observation amère : Fanon continue à détruire l'image exotique de la Savane en décrivant une scène réelle qui est sèche, stérile, et dominée par un immense monument aux morts. Quels mots et quelles expressions suggèrent le point de vue de l'auteur ? (par exemple, l'espace *torturé*, les gens *enfermés*...)

les pieds, et l'amnésie disparaît. Singulière théra-
peutique.

    Voice donc un débarqué. Il n'entend plus le patois,
parle de l'Opéra, qu'il n'a peut-être aperçu que de loin,
5 mais surtout adopte une attitude critique à l'égard de
ses compatriotes. En présence du moindre événement,
il se comporte en original.° Il est celui qui sait. Il se *a special person, a*
révèle par son langage. A la Savane, où se réunissent les   *character*
jeunes gens de Fort-de-France, le spectacle est signifi-
10 catif : la parole est tout de suite donnée au débarqué. —
Dès la sortie du lycée et des écoles, ils se réunissent sur
la Savane. Il paraît qu'il y a une poésie de cette Savane.
Imaginez un espace de deux cents mètres de long sur
quarante de large, limité latéralement par des tamari-
15 niers vermoulus,° en haut par l'immense monument aux *worm-eaten tamarind*
morts, la patrie reconnaissante à ses enfants, en bas par   *trees*
le Central-Hôtel ; un espace torturé de pavés inégaux,
des cailloux qui roulent sous les pieds, et, enfermés dans
tout cela, montant et descendant, trois ou quatre cents
20 jeunes gens qui s'accostent,° se prennent,° non ne se *greet each other /*
prennent jamais, se quittent.   *get together*

    — Ça va ?

    — Ça va. Et toi ?

    — Ça va.

25 Et l'on va comme ça pendant cinquante ans.[30] Oui,
cette ville est lamentablement échouée. Cette vie
aussi.

    Ils se retrouvent et parlent. Et si le débarqué obtient
rapidement la parole, c'est qu'*on l'attend.* D'abord dans
30 la forme : la moindre faute est saisie, dépouillée,° et en *laid bare*
moins de quarante-huit heures tout Fort-de-France la
connaît. On ne pardonne pas, à celui qui affiche° une *flaunts*
supériorité, de faillir au devoir.° Qu'il dise, par exem- *fail to measure up*
ple : « Il ne m'a pas été donné de voir en France des
35 gendarmes à chevaux », et le voilà perdu. Il ne lui reste
qu'une alternative : se débarrasser de° son parisianisme *get rid of*
ou mourir au pilori.° Car on n'oubliera point ; marié, sa *die of embarrassment*
femme saura qu'elle épouse une histoire, et ses enfants
auront une anecdote à affronter et à vaincre.
40 D'ou provient° cette altération de la personnalité ? *comes from*
D'où provient ce nouveau mode d'être ? Tout idiome est

31 / Notez l'alternance de l'anecdote et de la théorie au cours de l'essai.

32 / Ce passage rappelle un paragraphe semblable au début de l'essai (p. 199.) Voyez-vous un progrès dans le raisonnement ? Fanon annonce-t-il une nouvelle pensée ici ?

une façon de penser, disaient Damourette et Pichon.[31] Et le fait, pour le Noir récemment débarqué, d'adopter un langage différent de celui de la collectivité qui l'a vu naître, manifeste un décalage,° un clivage.° Le
5 professeur Westermann, dans *The African to-day*, écrit qu'il existe un sentiment d'infériorité des Noirs qu'éprouvent surtout les évolués° et qu'ils s'efforcent sans cesse de dominer.° La manière employée pour cela, ajoute-t-il, est souvent naïve : « Porter des vête-
10 ments européens ou des guenilles à la dernière mode,° adopter les choses dont l'Européen fait usage, ses formes extérieures de civilité, fleurir° le langage indigène d'expressions européennes, user de phrases ampoulées° en parlant ou en écrivant dans une langue européenne,
15 tout cela est mis en œuvre pour tenter de parvenir à un sentiment d'égalité avec l'Européen et son mode d'existence. »

Nous voudrions, nous référant à d'autres travaux et à nos observations personnelles, essayer de montrer
20 pourquoi le Noir se situe de façon caractéristique en face du langage européen.[32] Nous rappelons encore une fois que les conclusions auxquelles nous aboutirons° valent° pour les Antilles françaises ; nous n'ignorons pas toutefois que ces mêmes comportements° se retrouvent au
25 sein de toute race ayant été colonisée.

Nous avons connu, et malheureusement nous connaissons encore, des camarades originaires du Dahomey ou du Congo qui se disent° Antillais ; nous avons connu et nous connaissons encore des Antillais qui se vexent°
30 quand on les soupçonne d'être Sénégalais. C'est que l'Antillais est plus « évolué » que le Noir d'Afrique : entendez qu'il est plus près du Blanc ; et cette différence existe non seulement dans la rue et sur les boulevards, mais aussi dans les administrations, dans l'armée.
35 Tout Antillais ayant fait son service militaire dans un régiment de tirailleurs connaît cette bouleversante situation : d'un côté les Européens, vieilles colonies ou originaires,° de l'autre les tirailleurs. Il nous souvient de certain jour où en pleine action, la question se trouva
40 posée d'anéantir° un nid de mitrailleuses.° Par trois fois les Sénégalais furent lancés,° par trois fois ils furent

displacement / separation

educated ones
try . . . to overcome

latest fashionable "rags"

embellish
inflated

end with, arrive at / are valid

behavior

say that they are
are irritated

either colonials or from Europe
destroy / machine gun nest
were sent in

33 / Fanon imagine la voix d'un Antillais « européen » qui s'agace d'être comparé avec des Sénégalais : le mot *nègres* est péjoratif par rapport au terme *noir*.

34 / Quelles nouvelles idées ont été introduites dans ce paragraphe ?

35 / Jean Piaget a décrit les structures de la pensée et du langage chez l'enfant.

36 / Reprise du thème central. Maintenant, Fanon va considérer la position des langues populaires par rapport au français.

rejetés. Alors, l'un des leurs demanda pourquoi les toubabs° n'y allaient pas. Dans ces moments-là, on arrive à ne plus savoir qui l'on est, toubab ou indigène. Cependant pour beaucoup d'Antillais cette situation n'est pas ressentie comme bouleversante, mais au contraire comme tout à fait normale. Il ne manquerait plus que ça,° nous assimiler à des nègres.[33] Les originaires méprisent les tirailleurs et l'Antillais règne sur toute cette négraille en maître incontesté. A l'extrême d'ailleurs, je rapporte un fait qui est pour le moins° comique : dernièrement, je m'entretenais° avec un Martiniquais qui m'apprit, courroucé,° que certains Guadeloupéens se faisaient passer pour nôtres.° Mais, ajoutait-il, on s'aperçoit rapidement de l'erreur, ils sont plus sauvages que nous ; entendez encore : ils sont plus éloignés du Blanc. On dit que le Noir aime les palabres ;° et quand pour ma part je prononce « palabres », je vois un groupe d'enfants jubilant, lançant vers le monde des appels inexpressifs, des raucités,° des enfants en plein jeu, dans la mesure où le jeu peut être conçu comme initiation à la vie. Le Noir aime les palabres, et le chemin n'est pas long qui conduit à cette nouvelle proposition : le Noir n'est qu'un enfant. Les psychanalystes ici ont beau jeu, et le terme d'oralité° est vite lâché.[34]

Mais nous devons aller plus loin. Le problème du langage est trop capital pour espérer le poser intégralement ici. Les remarquables études de Piaget[35] nous ont appris à distinguer des stades° dans son apparition, et celles de Gelb et Goldstein nous ont montré que la fonction du langage se distribue en paliers,° en degrés. Ici c'est l'homme noir en face de la langue française qui nous intéresse. Nous voulons comprendre pourquoi l'Antillais aime bien parler le français.[36]

Jean-Paul Sartre, dans son introduction à l'*Anthologie de la poésie nègre et malgache*, nous dit que le poète noir se retournera° contre la langue française mais cela est faux quant aux poètes antillais. Nous sommes en cela d'ailleurs de l'avis de M. Michel Leiris, qui, il y a peu de temps, pouvait écrire à propos du créole :

« Actuellement encore, langue populaire que tous connaissent plus ou moins, mais que les seuls illettrés°

Margin glosses:

Europeans, whites

"That's all we need!"

at least
was talking
angered
were passing for "us"

palavers

hoarse cries

oral fixation

stages

steps

react against

only the illiterate

37 / Mouvement littéraire fondé en France vers 1854, dirigé par Frédéric Mistral, qui espérait rétablir le provençal (ancienne *langue d'oc* des troubadours) comme langue littéraire. Un tel mouvement existe toujours dans le Midi, publiant des livres en provençal et réclamant l'autonomie politique.

38 / *Temps Modernes*, février 1950, « Martinique-Guadeloupe-Haïti », p. 1347. [Note de Fanon]

39 / Deux langues du Sénégal.

40 / Tout dialecte ne pose pas un problème d'infériorité ; seuls les colonisés doivent associer leur dialecte avec un rôle politique subordonné. Où trouvez-vous un autre passage où Fanon compare la situation du provincial français avec la situation du provincial colonisé ?

41 / Une « difficulté » n'est pas une « impossibilité » : le noir ne doit pas voir dans les obstacles d'origine sociale des excuses à son inaction.

parlent à l'exclusion du français, le créole paraît d'ores et déjà° promis à passer tôt ou tard au rang de survivance quand l'instruction° (si lents soient ses progrès, entravés° par le nombre partout trop restreint des établissements

5 scolaires, la pénurie° en matière de lecture publique et le niveau souvent trop bas de la vie matérielle) se sera diffusée assez généralement dans les couches déshé-ritées° de la population. » — Et, ajoute l'auteur, « pour les poètes dont je parle ici, il ne s'agit nullement de se

10 faire « Antillais » — sur le plan du pittoresque de félibrige[37] en usant d'un langage d'emprunt° et, qui plus est, dénué de rayonnement extérieur° quelles que puissent être ses qualités intrinsèques, mais d'affirmer, face à des Blancs imbus° des pires préjugés raciaux et

15 dont l'orgueil de plus en plus clairement s'avère° injustifié, l'intégrité de leur personne. »[38]

S'il existe un Gilbert Gratiant pour écrire en patois, il faut avouer que la chose est rare. Ajoutons d'ailleurs que la valeur poétique de ces créations est fort douteuse.

20 Au contraire, il y a de véritables ouvrages traduits du ouolof ou du peuhl[39] et nous suivons avec beaucoup d'intérêt les études de linguistique de Cheik Anta Diop.

Aux Antilles, rien de pareil. La langue officielle-ment parlée est le français ; les instituteurs surveillent

25 étroitement° les enfants pour que le créole ne soit pas utilisé. Nous passons sous silence les raisons invoquées.° Donc, apparemment, le problème pourrait être le suivant : aux Antilles comme en Bretagne, il y a un dialecte et il y a la langue française. Mais c'est faux, car

30 les Bretons ne s'estiment pas inférieurs aux Français. Les Bretons n'ont pas été civilisés par le Blanc.[40]

Refusant de multiplier les éléments, nous risquons de ne pas délimiter le foyer ;° or, il est important de dire au Noir que l'attitude de rupture n'a jamais sauvé

35 personne ; et s'il est vrai que je dois me libérer ce celui qui m'étouffe° parce que véritablement je ne sais pas respirer, il demeure entendu° que sur la base physio-logique : difficulté mécanique de respiration, il devient malsain de greffer° un élément psychologique : im-

40 possibilité d'expansion.[41]

Qu'est-ce à dire ? Tout simplement ceci : lorsqu'un

here and now

education | hindered

poverty

deprived levels

borrowed
lacking any external influence

soaked in

is demonstrated to be

closely
set forth

defining our subject

suffocates
it is still true

unhealthy, to graft

42 / La licence : grade universitaire moins élevé que l'agrégation. L'agrégation est un concours très difficile.

43 / Digression qui souligne la leçon des deux derniers paragraphes. Fanon répète qu'il ne s'intéresse pas aux « idioties » de ceux qui veulent croire, contre toute évidence, à l'infériorité du Noir ; lui médecin, il veut analyser la maladie des rapports entre colonisateurs et colonisés.

44 / Archevêque de Paris, connu pour l'intérêt qu'il portait à la classe ouvrière.

45 / J-P Sartre, *Préface à l'Anthologie de la poésie nègre et malgache.* [Note de Fanon]

Antillais licencié en philosophie déclare ne pas présenter l'agrégation[42] alléguant sa couleur,° je dis que la philosophie n'a jamais sauvé personne. Quand un autre s'acharne à me prouver que les Noirs sont aussi intelli-
5 gents que les Blancs, je dis : l'intelligence non plus n'a jamais sauvé personne, et cela est vrai, car si c'est au nom de l'intelligence et de la philosophie que l'on proclame l'égalité des hommes, c'est en leur nom aussi qu'on décide leur extermination.

10   Avant de continuer, il nous semble nécessaire de dire certaines choses.[43] Je parle ici, d'une part, de Noirs aliénés (mystifiés°), et d'autre part de Blancs non moins aliénés (mystificateurs et mystifiés). S'il se trouve un Sartre ou un Verdier, [44] le cardinal, pour dire que le
15 scandale du problème noir n'a que trop duré, on ne peut que conclure à la normalité de leur attitude. Nous aussi pourrions multiplier références et citations et montrer qu'effectivement le « préjugé de couleur » est une idiotie, une iniquité° qu'il s'agit d'anéantir.

20   Sartre commence ainsi son *Orphée noir* : « Qu'est-ce donc que vous espériez quand vous ôtiez le bâillon° qui fermait ces bouches noires ? Qu'elles allaient entonner vos louanges ?° Ces têtes que nos pères avaient courbées° jusqu'à terre par la force, pensiez-vous, quand
25 elles se relèveraient, lire l'adoration dans leurs yeux ? »[45] Je ne sais pas mais je dis que celui qui cherchera dans mes yeux autre chose qu'une interrogation perpétuelle devra perdre la vue ; ni reconnaissance ni haine. Et si je pousse un grand cri, il ne sera point nègre. Non, dans la
30 perspective adoptée ici, il n'y a pas de problème noir. Ou du moins, s'il y en a un, les Blancs n'y sont intéressés° que par hasard. C'est une histoire qui se passe dans l'obscurité, et il faudra bien que le soleil que je transhume° éclaire les moindres recoins.°

35   Le Dr H. L. Gordon, médecin de l'hôpital de psychopathie Mathari à Nairobi, écrit dans un article de la *Presse médicale* de l'Est-Africain : « L'observation poussée au plus haut point d'une série de cent cerveaux d'indigènes normaux établit à l'œil nu une absence de cer-
40 veaux nouveaux, caractérisés, comme on sait, par des cellules au dernier stade de développement. Et, ajoute-

says he won't take the top exam because of his color

deceived, tricked

evil

gag

begin to sing your praises?

bent

involved

the light that I bring to bear on it (lit., a difficult image: "the sun that I move to pasture") | hidden corners

46 / *Le Préjugé de race et de couleur*, p. 112. [Note de Fanon]

47 / Encore une remarque ironique de Fanon, où il remarque le préjugé linguistique de l'Européen qui entend l'*homme blanc* dans sa définition de l'*homme*.

48 / Fin de la digression. Fanon veut aider le Noir à reconnaître ses complexes de colonisé et à s'en guérir.

t-il, cette infériorité représente quantitativement 14,8%. » (Cité par sir Alan Burns.)[46]

On a dit que le nègre reliait le singe à l'homme, l'homme blanc bien entendu ;[47] et ce n'est qu'à la cent
5 vingtième page que sir Alan Burns conclut : « Nous ne pouvons donc considérer comme scientifiquement établie° la théorie selon laquelle l'homme noir serait inférieur à l'homme blanc ou proviendrait d'une souche différente. »° Il nous serait facile, ajoutons-nous, de
10 montrer l'absurdité de propositions telles que : « Aux termes de l'Ecriture,° la séparation des races blanches et noires se prolongera au ciel comme sur la terre, et les indigènes qui seront accueillis au Royaume des Cieux se trouveront séparément dirigés sur certaines de ces
15 maisons° du Père dont le Nouveau Testament contient la mention. » Ou encore : « Nous sommes le peuple élu,° regarde la teinte de nos peaux, d'autres sont noirs ou jaunes, c'est à cause de leurs péchés. »

Oui, comme on le voit, en faisant appel à l'humanité,
20 au sentiment de la dignité, à l'amour, à la charité, il nous serait facile de prouver ou de faire admettre que le Noir est l'égal du Blanc. Mais notre but est tout autre : ce que nous voulons, c'est aider le Noir à se libérer de l'arsenal complexuel° qui a germé° au sein de la situa-
25 tion coloniale.[48] M. Achille, professeur au lycée du Parc à Lyon, dans une conférence citait une aventure per-sonnelle. Cette aventure est universellement connue. Rares sont les Noirs résidant en France qui ne l'ont pas vécue. Etant catholique, il se rendait à un pèlerinage°
30 d'étudiants. Un prêtre, avisant° ce bronzé dans sa troupe, lui dit : « Toi quitté grande Savane° pourquoi et venir avec nous. » L'interpellé° répondit très courtoisement et le gêné° de l'histoire ne fut pas le jeune déserteur des Savanes. On rit de ce quiproquo° et le pèlerinage con-
35 tinua. Mais si nous nous y arrêtions, nous verrions que le fait pour le prêtre de s'adresser en petit-nègre appelle diverses remarques :

1. « Les Noirs, je les connais ; il faut s'adresser à eux gentiment, leur parler de leur pays ; savoir leur parler,
40 telle est la question. Voyez plutôt... » Nous n'exagérons pas : un Blanc s'adressant à un nègre se comporte

Therefore we cannot accept . . .

come from a different stock

" According to the Bible . . ."

housed separately

chosen

battery of complexes / sprouted

pilgrimage
noticing
savannah
The one called upon
embarrassed person
mistake

49 / Fanon revient à son rôle de médecin : en quoi cette attitude « scientifique » pourrait-elle aider à la persuasion ?

50 / Il faut imaginer la voix d'un Blanc en train de justifier sa façon de parler « petit-nègre » aux Noirs.

51 / Fanon imite ici le style humiliant et paternaliste qu'adoptent la plupart des médecins envers les Arabes ou les Noirs dans leurs salles de consultation.

52 / Comment Fanon montre-t-il ici que le langage crée l'homme ?

exactement comme un adulte avec un gamin, et l'on s'en va minaudant, susurrant, gentillonnant, calinotant.° Ce n'est pas un Blanc que nous avons observé, mais des centaines ; et nos observations n'ont pas porté sur telle ou telle catégorie, mais, nous prévalant d'une attitude° essentiellement objective, nous avons voulu étudier ce fait chez les médecins, les agents de police, les entrepreneurs sur les chantiers.° L'on nous dira, oubliant en cela notre but, que nous aurions pu porter notre attention ailleurs, qu'il existe des Blancs n'entrant pas dans notre description.

Nous répondrons à ces objecteurs que nous faisons ici le procès des mystifiés et des mystificateurs, des aliénés, et que, s'il existe des Blancs à se comporter sainement° en face d'un Noir, c'est justement le cas que nous n'avons pas à retenir. Ce n'est pas parce que le foie° de mon malade fonctionne bien que je dirai : les reins° sont sains. Le foie étant reconnu normal, je l'abandonne à sa normalité, qui est normale, et je me tourne vers les reins ; en l'occurrence,° les reins sont malades. Ce qui veut dire qu'à côté des gens normaux qui se comportent sainement selon une psychologie humaine, il en est à° se comporter pathologiquement selon une psychologie inhumaine.⁴⁹ Et il se trouve que l'existence de ce genre d'hommes a déterminé un certain nombre de réalités à la liquidation desquelles nous voulons ici contribuer.

Parler aux nègres de cette façon, c'est aller à eux, c'est les mettre à leur aise, c'est vouloir se faire comprendre d'eux, c'est les rassurer...⁵⁰

Les médecins des salles de consultation° le savent. Vingt malades européens se succèdent :° « Asseyez-vous, monsieur... Pourquoi venez-vous ?... De quoi souffrez-vous ?... » — Arrive un nègre ou un Arabe : « Assieds-toi, mon brave... Qu'est-ce que tu as ?... Où as-tu mal ? » — Quand ce n'est pas : « Quoi toi y en a ?... »⁵¹

2. Parler petit-nègre à un nègre, c'est le vexer, car il est° celui-qui-parle-petit-nègre.⁵² Pourtant, nous dira-t-on, il n'y a pas intention, volonté de vexer. Nous l'accordons, mais c'est justement cette absence de volonté, cette désinvolture,° cette nonchalance, cette

simpering, lisping, acting coy, wheedling

adopting an attitude

builders at work

healthily
liver
kidneys

as it happens

There are some who

clinics
come one after the other

i.e. for that makes him . . .

casualness

53 / Fanon parle ici de la vieillesse et non pas des Noirs. Comment cette attitude personnelle et humaniste aide-t-elle à renforcer le thème central du « noir et du langage » ?

54 / Les *hypos* sont les sous-médecins (*hypo* — *sous*) ; les assistants, qui ne sont pas encore des médecins.

55 / Dakar est la capitale, et Rufisque une ville industrielle importante, du Sénégal.

facilité avec laquelle on le fixe, avec laquelle on l'emprisonne, on le primitivise, l'anticivilise, qui est vexante.

Si celui qui s'adresse en petit-nègre à un homme de couleur ou à un Arabe ne reconnaît pas dans ce comportement une tare°, un vice, c'est qu'il n'a jamais réfléchi. Personnellement, il nous arrive, en interrogeant certains malades, de sentir à quel moment nous glissons...°

En face de cette vieille paysanne de soixante-treize ans, débile mentale,° en plein processus démentiel,° je sens tout à coup s'effondrer° les antennes avec lesquelles je touche et par lesquelles je suis touché. Le fait pour moi d'adopter un langage approprié à la démence,° à la débilité mentale ; le fait pour moi de me « pencher »° sur cette pauvre vieille de soixante-treize ans ; le fait pour moi d'aller à elle, à la recherche d'un diagnostic, est le stigmate° d'un fléchissement° dans mes relations humaines.[53]

C'est un idéaliste, dira-t-on. Mais non, ce sont les autres qui sont des salauds.° Pour ma part, je m'adresse toujours aux « bicots »° en français correct, et j'ai toujours été compris. Ils me répondent comme ils peuvent, mais je me refuse à toute compréhension paternaliste.

— Bonjours, mon z'ami ! Où y a mal ? Hé ? Dis voir un peu ? le ventre ? le cœur ?

... Avec le petit accent que les hypos°[54] des salles de consultation connaissent bien.

On a bonne conscience quand la réponse arrive sur le même mode. « Vous voyez, on ne vous raconte pas de blagues. Ils sont comme ça. »

Dans le cas contraire, il faudra rappeler ses pseudopodes° et se comporter en homme. Tout l'édifice s'écroule.° Un Noir qui vous dit : « Monsieur, je ne suis nullement votre brave... »° Du nouveau dans le monde.

Mais il faut aller plus bas. Vous êtes au café, à Rouen ou à Strasbourg, un vieil ivrogne par malheur vous aperçoit. Vite, il s'assied à votre table : « Toi Africain ? Dakar, Rufisque,[55] bordels, femmes, café, mangues, bananes... » Vous vous levez et vous partez ; vous êtes salué d'une bordée de jurons° : « Sale nègre, tu ne faisais pas tant l'important° dans ta brousse ! »

Glosses (right margin):

defect

slip into

mental defective / in advanced senility
collapse

insanity
"talk down to"

mark / weakening

slobs
Arabs

interns

pull in his claws
crumbles
"I'm not your good man . . ."

volley of oaths
act like such a big shot

56 / Dominique Mannoni, dans son livre *Psychologie de la colonisation*, emploie l'image de Prospéro et de Caliban pour expliquer les relations entre colonisateur et colonisé. Selon lui, les civilisations avancées ont besoin de gouverner, et les nations primitives veulent être gouvernées. (Evidemment, tout le monde n'est pas d'accord.) L'image vient de la pièce de Shakespeare, *The Tempest*, où Prospéro — magicien, duc, et personnage principal — domine son serviteur rebelle et laid, le sauvage Caliban. Dans l'adaptation moderne par Aimé Césaire, leur situation représente la lutte entre le gouvernement colonial et l'esprit révolutionnaire de la négritude.

57 / A quelle phrase du début de l'essai cette phrase fait-elle écho ?

58 / Publicité française pour une boisson au chocolat. A comparer aux Etats-Unis : le visage souriant de Aunt Jemima.

M. Mannoni a décrit ce qu'il appelle le complexe de Prospéro.[56] Nous reviendrons sur ces découvertes, qui nous permettront de comprendre la psychologie du colonialisme. Mais déjà nous pouvons dire :

5 Parler petit-nègre, c'est exprimer une idée : « Toi, reste où tu es. »°[57]   *"Stay in your place"*

Je rencontre un Allemand ou un Russe parlant mal le français. Par gestes, j'essaie de lui donner le renseignement qu'il réclame,° mais ce faisant je n'ai garde   *asks for*

10 d'oublier° qu'il y a une langue propre, un pays, et qu'il   *am far from forgetting* est peut-être avocat ou ingénieur° dans sa culture. En   *engineer* tout cas, il est étranger à mon groupe, et ses normes°   *standards* doivent être différentes.

Dans le cas du Noir, rien de pareil. Il n'a pas de

15 culture, pas de civilisation, pas ce « long passé d'histoire ».

On retrouve peut-être là l'origine des efforts des Noirs contemporains : coûte que coûte° prouver au   *no matter what it costs* monde blanc l'existence d'une civilisation nègre.

Le nègre doit, qu'il le veuille ou non, endosser la   *wear the clothes; play*

20 livrée° que lui a faite le Blanc. Regardez les illustrés pour   *the rôle* enfants, les nègres ont tous à la bouche le « oui Missié »°   *"yessir"* rituel. Au cinéma, l'histoire est plus extraordinaire. La plupart des films américains synchronisés° en France   *dubbed* reproduisent des nègres type : « Y a bon banania ».[58]

25 Dans un de ces films récents, *Requins d'acier*, on voyait un nègre, naviguant dans un sous-marin, parler le jargon le plus classique qui soit. D'ailleurs, il était bien nègre, marchant derrière, tremblant au moindre mouvement de colère du quartier-maître,° et finalement tué dans   *quartermaster*

30 l'aventure. Je suis pourtant persuadé que la version originale ne comportait pas cette modalité° d'expression.   *manner* Et quand bien même° elle aurait existé, je ne vois pas   *even if* pourquoi en France démocratique, où soixante millions de citoyens sont de couleur, l'on synchroniserait jus-

35 qu'aux imbécilités d'outre-Atlantique. C'est que le nègre doit se présenter d'une certaine manière, et depuis le Noir de *Sans Pitié* — « Moi bon ouvrier, jamais mentir, jamais voler » jusqu'à la servante de *Duel au soleil*, on retrouve cette stéréotypie.

40 Oui, au Noir on demande d'être bon négro ; ceci posé,° le reste vient tout seul. Le faire parler petit-nègre,   *established*

59 / Philosophe du 18ème siècle, auteur de l'*Esprit des lois*.

60 / Seriez-vous de l'avis de Fanon au sujet de cette « armée d'imbéciles » ? Qui faut-il éduquer, d'après Fanon : le Blanc ou le Noir ? Comment ?

61 / Encore une fois, l'auteur montre qu'il ne se contente pas de *comprendre* la situation : il faut passer à l'action. Dans quel sens cet essai constitue-t-il un acte positif ?

c'est l'attacher à son image, l'engluer,° l'emprisonner, *trap him*
victime éternelle d'une essence, d'un *apparaître*° dont il *appearance*
n'est pas le responsable. Et naturellement, de même
qu'un Juif qui dépense de l'argent sans compter est
5 suspect, le Noir qui cite Montesquieu[59] doit être surveillé. Qu'on nous comprenne : surveillé, dans la mesure
où avec lui commence quelque chose. Et, certes, je ne
prétends pas que l'étudiant noir soit suspect à ses camarades ou à ses professeurs. Mais en dehors des milieux
10 universitaires subsiste une armée d'imbéciles : il importe
non pas de les éduquer, mais d'amener le Noir à ne pas
être l'esclave de leurs archétypes.[60]

Que ces imbéciles soient le produit d'une structure
économico-psychologique, nous l'accordons : seulement
15 nous n'en sommes pas plus avancés.°[61] *that doesn't get us very far*

Quand un nègre parle de Marx, la première réaction
est la suivante : « On vous a élevés et maintenant vous
vous retournez contre vos bienfaiteurs. Ingrats ! Décidé-
ment, on ne peut rien attendre de vous. » Et puis il y a
20 aussi cet argument-massue° du planteur en Afrique : *club*
notre ennemi, c'est l'instituteur.

Ce que nous affirmons, c'est que l'Européen a une
idée définie du Noir, et il n'y a rien de plus exaspérant
que de s'entendre dire : « Depuis quand êtes-vous en
25 France ? Vous parlez bien le français. »

On pourrait me répondre que cela est dû au fait
que beaucoup de Noirs s'expriment en petit-nègre. Mais
ce serait trop facile. Vous êtes dans le train, vous demandez :

30 — Pardon, monsieur, voudriez-vous m'indiquer le
wagon-restaurant,° s'il vous plaît. *dining car*

— Oui, mon z'ami, toi y en a prendre couloir tout
droit, un, deux, trois, c'est là.

Non, parler petit-nègre, c'est enfermer le Noir,
35 c'est perpétuer une situation conflictuelle où le Blanc
infeste le Noir de corps étrangers extrêmement toxiques.
Rien de plus sensationnel qu'un Noir s'exprimant cor-
rectement, car, vraiment, il assume le monde blanc. Il
nous arrive de nous entretenir avec° des étudiants *talk with*
40 d'origine étrangère. Ils parlent mal le français : le petit
Crusoë, alias Prospéro, se trouve alors à son aise. Il

62 / « J'ai connu des nègres à la Faculté de médecine... en un mot ils étaient décevants ; le teint de leur peau devait leur permettre de *nous* donner l'opportunité d'être charitables, magnanimes, ou scientifiquement amicaux. Ils avaient failli à ce devoir, à cette exigence de notre bon vouloir. Toute notre larmoyante tendresse, toute notre sollicitude roublarde nous restait sur les bras. Nous n'avions pas de nègres à cajoler, nous n'avions pas de quoi les haïr non plus ; ils pesaient, à peu de chose près, notre propre poids dans la balance des petits travaux et des maigres tricheries quotidiennes.» — Michel Salomon, « D'un juif à des nègres », *Présence africaine*, no. 5, p. 776. [Note de Fanon]

63 / Pour ne plus être défini comme inférieur, ce Noir adopte le langage et les valeurs de la société métropolitaine.

64 / Les *liquettes* sont des chemises, la *bicoque* et la *baraque* sont des maisons mal tenues ou de peu de valeur. Le Martiniquais revenu de Paris essaie de montrer sa supériorité culturelle en employant l'argot parisien pour critiquer sa maison provinciale.

65 / Façon de désigner *les autres* pris génériquement, et plus spécialement les Européens. [Note de Fanon]

explique, renseigne, commente, leur prend leurs cours.° takes notes for them
Avec le Noir, l'ahurissement° est à son comble ; lui, il bewilderment
s'est mis à la page.° Avec lui, le jeu n'est plus possible, knows what it's all about
il est une pure réplique° du Blanc. Il faut s'incliner.°62 copy | You have to give in.

5   On comprend, après tout ce qui vient d'être dit, que
la première réaction du Noir soit de dire non à ceux qui
tentent de le définir. On comprend que la première
action du Noir soit une réaction, et puisque le Noir est
apprécié en référence à son degré d'assimilation, on
10 comprend aussi que le débarqué ne s'exprime qu'en
français.63 C'est qu'il tend à souligner° la rupture qui emphasize
s'est désormais° produite. Il réalise° un nouveau type henceforth | incarnates
d'homme qu'il impose à ses camarades, à ses parents.
Et à sa vieille mère qui ne comprend plus, il parle de ses
15 liquettes, de la bicoque en désordre, de la baraque...64
Tout cela agrémenté° de l'accent qui convient. dressed up in

    Dans tous les pays du monde, il y a des arrivistes :° social climbers
« ceux qui ne se sentent plus »,° et il y a, en face d'eux, "don't know who they are anymore"
« ceux qui gardent la notion de leur origine ». L'Antillais
20 qui revient de la métropole s'exprime en patois s'il veut
signifier que rien n'a changé. On le sent au dé-
barcadère,° où parents et amis l'attendent. L'attendent wharf
non seulement parce qu'il arrive, mais dans le sens où
l'on dit : je l'attends au tournant.° Il leur faut une minute wait to see which way he goes
25 pour établir le diagnostic. Si à ses camarades le débarqué
dit : « Je suis très heureux de me retrouver parmi vous.
Mon Dieu, qu'il fait chaud dans ce pays, je ne saurais y
demeurer longtemps », on est prévenu :° c'est un Euro- warned
péen qui arrive.

30   Dans un ordre plus particulier, quand à Paris des
étudiants antillais se rencontrent, deux possibilités
s'offrent à eux :
    — ou soutenir° le monde blanc, c'est-à-dire le side with
véritable monde, et, le français alors employé, il leur
35 demeure possible d'envisager quelques problèmes et de
tendre dans leurs conclusions à un certain degré
d'universalisme :
    — ou rejeter l'Europe, « Yo »,65 et se rejoindre° par meet, keep together
le patois, en s'installant bien confortablement dans ce
40 que nous appellerons l'*umwelt*° martiniquais ; nous surrounding atmosphere (German)

66 / Selon Fanon, l'étudiant antillais peut essayer de vivre dans le monde blanc, ou essayer de se réfugier dans sa culture natale. L'auteur critique-t-il un de ces choix ? Pourquoi ?

67 / Fanon montre que bien des malentendus entre les Noirs proviennent des idées reçues du monde blanc. Le Sénégalais qui croit devenir plus « blanc » en se faisant passer pour antillais, et l'Antillais qui se moque de son frère « sauvage », sont également façonnés par les idées de la société européenne.

68 / Voir par exemple le nombre presque incroyable des anecdotes auxquelles a donné naissance l'élection à la députation de tel candidat. Une ordure de journal, du nom de *Canard déchaîné*, n'a eu de cesse qu'il n'a enveloppé M.B.... de créolismes éviscérants. C'est en effet l'arme-massue aux Antilles : *ne sait pas s'exprimer en français.* [Note de Fanon]

voulons dire par là — et cela s'adresse surtout à nos frères antillais — que lorsqu'un de nos camarades, à Paris ou dans quelque autre ville de Facultés, s'essaie à considérer sérieusement un problème, on l'accuse de faire l'important, et le meilleur moyen de le désarmer est de s'infléchir° vers le monde antillais en brandissant° le créole. Il faut trouver là une des raisons pour lesquelles tant d'amitiés s'écroulent après quelque temps de vie européenne.[66]

Notre propos étant la désaliénation des Noirs, nous voudrions qu'ils sentent que chaque fois qu'il y a incompréhension entre eux en face du Blanc, il y a absence de discernement.°

Un Sénégalais apprend le créole afin de se faire passer pour antillais : je dis qu'il y a aliénation.

Les Antillais qui le savent multiplient leurs railleries : je dis qu'il y a absence de discernement.[67]

Comme on le voit, nous n'avions pas tort de penser qu'une étude du langage chez l'Antillais pouvait nous révéler quelques traits de son monde. Nous l'avons dit au début, il y a un rapport de soutènement° entre la langue et la collectivité.

Parler une langue, c'est assumer un monde, une culture. L'Antillais qui veut être blanc le sera d'autant plus qu'il aura fait sien l'instrument culturel qu'est le langage. Je me souviens, il y a un peu plus d'un an, à Lyon, après une conférence où j'avais tracé un parallèle entre la poésie noire et la poésie européenne, de ce camarade métropolitain me disant chaleureusement : « Au fond, tu es un Blanc. » Le fait pour moi d'avoir étudié à travers la langue du Blanc un problème aussi intéressant me donnait droit de cité.°

Historiquement, il faut comprendre que le Noir veut parler le français, car c'est la clef susceptible d'ouvrir° les portes qui, il y a cinquante ans encore, lui étaient interdites.° Nous retrouvons chez les Antillais entrant dans le cadre de° notre description une recherche des subtilités, des raretés du langage, — autant de moyens de se prouver à eux-mêmes une adéquation° à la culture.[68] On a dit : les orateurs an-

to lean, turn / making a show of, brandishing

judgment

functional relationship

key to the city

able to open
forbidden
who fit

That they have measured up

69 / Le français (l'élégance de la forme) était tellement chaud que la femme est tombée en transes. [Note de Fanon]

70 / Jean Paulhan et Roger Caillois étaient à l'avant-garde de la pensée critique française au moment où Fanon a écrit son essai.

71 / Introduction au *Cahier d'un retour au pays natal*, p. 14. [Note de Fanon]

tillais ont une puissance d'expression qui laisserait pantelants° les Européens. Il me revient un fait significatif : en 1945, lors des campagnes électorales, Aimé Césaire, candidat à la députation, parlait à l'école des garçons de Fort-de-France devant un auditoire nombreux. Au milieu de la conférence, une femme s'évanouit.° Le lendemain, un camarade, relatant l'affaire, la commentait de la sorte : « Français a té tellement chaud que la femme là tombé malcadi ».[69] Puissance du langage !

Quelques autres faits méritent de retenir notre attention : par exemple M. Charles-André Julien présentant Aimé Césaire : « un poète noir agrégé de l'Université... », ou encore, tout simplement, le terme de « grand poète noir ».

Il y a dans ces phrases toutes faites,° et qui semblent répondre à une urgence de bon sens,° — car enfin Aimé Césaire est noir et il est poète, — une subtilité qui se cache, un nœud° qui persiste. J'ignore qui est Jean Paulhan, sinon qu'il écrit des ouvrages fort intéressants ; j'ignore quel peut être l'âge de Caillois,[70] ne retenant que les manifestations de son existence dont il raye° le ciel de temps à autre. Et que l'on ne nous accuse point d'anaphylaxie° affective ; ce que nous voulons dire, c'est qu'il n'y a pas de raison pour que M. Breton dise à Césaire : « Et c'est un Noir qui manie° la langue française comme il n'est pas aujourd'hui un Blanc pour la manier. »[71]

Et quand bien même M. Breton exprimerait la vérité, je ne vois pas en quoi résiderait le paradoxe,° en quoi résiderait la chose à souligner, car enfin M. Aimé Césaire est martiniquais et agrégé de l'Université.

Encore une fois nous retrouvons M. Michel Leiris : « S'il y a chez les écrivains antillais volonté de rupture avec les formes littéraires liées à l'enseignement officiel, cette volonté, tendue vers un avenir plus aéré,° ne saurait revêtir une allure folklorisante.° Désireux avant tout, littérairement, de formuler le message qui leur appartient en propre° et quant à quelques-uns tout au moins d'être les porte-paroles° d'une vraie race aux possibilités méconnues,° ils dédaignent l'artifice que

panting

fainted

ready made
common-sense need

problem

streaks

exaggerated sensitivity (medical term)

handles

where the paradox is

open
could not put on the appearance of folklore

their own message
spokesmen
underestimated

72 | Michel Leiris, art. cit. [Note de Fanon]

73 | Commentez cette fin d'essai : la remise en question du sujet traité dans l'essai par cette réponse des Noirs, et les attitudes « aliénées » qui persistent encore après leur analyse.

L'auteur a-t-il atteint le but dont il parlait au début de l'essai ? De quelle façon est faite cette analyse ? Quels leitmotivs, c'est-à-dire quels mots, quelles idées sont répétés tout au long de l'essai ? Pourquoi ces répétitions sont-elles importantes ? Quelle sorte d'atmosphère contribuent-elles à créer ? Quel rapprochement pouvez-vous établir entre le rythme créé par ces répétitions et la nature du problème étudié par Fanon ?

Pourquoi Fanon termine-t-il son essai par une phrase ouverte : « Continuons... » ? N'a-t-il pas assez bien défendu ses idées ? Qu'est-ce qu'il y ajoute par cette fin qui n'est pas une fin ? Si l'auteur veut évoquer aussi le dernier mot de *Huis-Clos* par Jean-Paul Sartre, comment cette évocation indique-t-elle un jugement de la part de Fanon ?

représenterait° pour eux, dont la formation intellectuelle s'est opérée à travers le français de façon exclusive,
le recours à un parler qu'ils ne pourraient plus guère
employer que comme une chose apprise. »[72]

*the artificiality repre-
sented by . . . resort-
ing to*

5   Mais, me rétorqueront° les Noirs, c'est un honneur
pour nous qu'un Blanc comme Breton écrive pareilles
choses.

retort

   Continuons...[73]

Pierre Teilhard de Chardin

(1881-1955)

professeur

homme de science

philosophe

Pierre Teilhard de Chardin est également connu dans les domaines de la science et de la philosophie. Ses recherches de paléontologue, en Chine et dans l'Afrique du Sud, l'ont rendu célèbre dans les milieux scientifiques. Ses réflexions sur l'avenir de l'homme et sur le phénomène de l'évolution ont inquiété ses supérieurs Jésuites avant de lui assurer une gloire posthume. En effet, à une époque où l'Eglise Catholique condamnait la théorie darwinienne de l'évolution, Teilhard s'est posé en champion de cette théorie. Il n'a pas hésité à parler de « la Sainte Evolution » et à proclamer que les progrès de l'évolution étant irréversibles, l'humanité était en marche vers la réalisation spirituelle totale de la matière. L'humanité tendrait vers le point oméga, c'est-à-dire la jonction avec l'Etre total, l'Intelligence absolue, avec Dieu.

On peut sans doute reprocher à Teilhard de Chardin de jouer sur deux tableaux à la fois, car il se sert de ses recherches scientifiques pour affirmer des vérités tout intuitives et qui appartiennent au domaine de la philosophie et de la spéculation. C'est à ce titre cependant qu'il a droit se figurer parmi les essayistes. Sa pensée vigoureuse ne craint pas de se projeter dans l'avenir à partir de bases solides : « Sur les degrés de certitude scientifique de l'idée d'évolution » retrace ce processus intellectuel. Affirmant que l'évolution est un fait scientifique certain, Teilhard montre que cette évolution coïncide avec un degré de « conscience » toujours plus poussé. L'homme représente, dans la création, le summum actuel de la conscience et, grâce à sa socialisation, ne fait qu'augmenter cette conscience. Il est donc possible que l'espèce humaine aboutisse à « quelque sommet » intellectuel, sommet que l'auteur ne définit pas dans cette communication, mais qu'ailleurs il affirme devoir représenter la venue du Christ cosmique, l'avènement de l'union de l'Homme avec Dieu.

L'essai de Teilhard est construit selon une méthode « scientifique » qui divise le problème en plusieurs parties pour mieux l'analyser. Teilhard développe son raisonnement selon trois degrés de certitude et il suit dans tout l'essai la distinction entre ce qui est connu et ce qui n'est que spéculation. Ce souci de séparer faits et hypothèse, l'idée qu'on avance méthodiquement vers une vérité qui s'appuie sur des réalités évidentes, donnent au texte un poids qu'augmentent encore le ton savant et le vocabulaire scientifique de l'auteur. Nous avons affaire à une nouvelle utilisation de la rhétorique : là où Zola touche par un cri de révolte devant l'injustice, où Valéry convainc par la force des images et du rythme, Teilhard retient par la voix logique et raisonnable de l'analyse objective. Considérant tout d'abord l'idée de l'évolution, il n'introduit le sujet essentiel, celui du *phénomène social humain*, qu'au centre de l'essai. Il suggère alors que cet aspect crucial du problème de l'évolution touche à la destinée de l'homme. Sa spéculation intellectuelle repose donc sur la base solide de ses recherches d'homme de science objectif et c'est cela qui semble constituer, pour Teilhard, « la pensée scientifique en action ».

1 / Comment l'idée d'évolution a-t-elle été introduite dans le domaine expérimental ? Correspond-elle, en général, à une prise de conscience lucide ? Cette introduction donne-t-elle une idée du ton général de l'essai ? Commentez la forme de cette première phrase : sa longueur, son vocabulaire.

2 / Relevez les mots et les expressions qui montrent que l'auteur se place sur un plan aussi objectif que possible et essaie d'en persuader le lecteur.

3 / Rien ne naît spontanément, tout être est l'héritier d'une chaîne d'êtres et prépare une lignée d'êtres à venir.

Sur les degrés de certitude scientifique de l'idée d'évolution

Depuis un siècle que, par la fissure des Sciences naturelles, l'idée d'évolution s'est infiltrée dans la conscience humaine jusqu'à imprégner dans toute son étendue le domaine expérimental de la connaissance, il est
5 intéressant de se demander jusqu'à quelle profondeur elle a réellement pénétré dans notre esprit, c'est-à-dire dans quelle mesure les perspectives qu'elle ouvre peuvent être d'ores et déjà° considérées comme définitivement incorporées dans la Science.[1]

from now on

10 De ce point de vue, il me semble qu'il convient de distinguer trois sens (ou degrés) dans la notion d'évolution qui peuvent être présentés comme suit, par ordre de généralité et de certitude décroissantes.°[2]

diminishing

1. A un premier degré, tout à fait général, l'idée
15 scientifique d'évolution implique simplement l'affirmation de ce fait que tout objet, tout événement dans le monde, a un antécédent qui conditionne son apparition parmi les autres phénomènes.[3] Rien n'apparaît historiquement, affirme-t-elle, que par voie de naissance :°
20 de telle sorte que chaque élément, dans l'Univers, est,

unless it has a cause (is born)

4 / En physique, un point d'émergence est le point d'où sort un rayon lumineux ayant traversé un milieu : autrement dit, le point d'un jaillissement brusque.

5 / L'observateur peut-il remplacer un ordre naturel par un ordre arbitraire ? Peut-il organiser le monde selon sa fantaisie ?

6 / Pourquoi les majuscules ?

7 / Quelle valeur Teilhard donne-t-il à *certitude* et à *évidence* ? Pourquoi passe-t-il de l'une à l'autre ?

8 / L'idée d'évolution nous oblige à considérer le monde, non plus comme un ensemble statique, « un catalogue » de faits juxtaposés, mais comme une courbe analytique, toujours en progression, comprenant à la fois les notions d'espace et de temps. Comment Teilhard passe-t-il de l'idée d'une « organicité temporelle combinée avec (une) organicité spatiale » à la notion d'une « courbure universelle » ? Quels moyens logiques emploie-t-il pour persuader son lecteur de la justesse de son raisonnement ?

9 / Comment cette phrase influence-t-elle l'attitude du lecteur ?

10 / Le réseau des objets peut être activé par deux courants qui s'opposent : ou bien le mouvement de ce réseau ne correspond à rien de prévisible ni de fixe, ou bien il coïncide avec certaines lois. Ces lois peuvent découler d'une observation statistique des faits, ou d'une observation finaliste, autrement dit centrée sur le but vers lequel tendent les chaînes d'objets.

11 / Teilhard fournit-il au lecteur des arguments solides et scientifiques ? Avez-vous l'impression qu'il essaie de prouver une théorie subjective ?

par quelque chose de lui-même, anneau dans une chaîne insécable° se prolongeant à perte de vue° en arrière et en avant de lui-même. Ceci n'interdit° pas, bien entendu, que, entre deux anneaux successifs, puisse se placer une
5 mutation, une saute, un point critique d'émergence.[4] Mais ceci veut dire que toute chose perçue par nous a nécessairement quelque chose avant elle dans le temps, aussi bien que quelque chose à côté d'elle dans l'espace, — si bien que la totalité des choses prises ensemble forme
10 une sorte de réseau° dont notre expérience ne peut sortir d'aucune façon, et au sein duquel les objets (nœuds du réseau) ne peuvent pas être transposés arbitrairement.[5]

A ce degré de généralité, où l'évolution signifie simplement *organicité*° de l'*Etoffe*° de l'Univers[6] (organi-
15 cité temporelle combinée avec organicité spatiale), à ce degré, j'insiste, ce ne serait pas assez de parler de certitude. C'est « évidence » qu'il faut dire.[7] Avoir pris conscience de l'évolution, pour notre âge, c'est bien autre chose et bien davantage que d'avoir découvert un
20 fait de plus, si vaste et important que soit ce fait. C'est (comme il arrive à l'enfant lorsqu'il acquiert le sens de la profondeur spatiale),° c'est nous être éveillés° à la perception d'une *dimension* nouvelle. Idée d'évolution : non pas simple hypothèse, comme on le dit parfois
25 encore ; mais condition de toute expérience, — ou encore, si l'on préfère, courbure° universelle à laquelle, pour être scientifiquement valables, ou même pensables, doivent désormais se plier° toutes nos constructions présentes et futures de l'Univers.[8]

30 2. Faisons maintenant un pas de plus.[9] A l'intérieur d'un système organique temps-espace tel que celui où, disais-je, notre connaissance scientifique est enfermée deux types généraux de distribution peuvent se rencontrer, a priori : ou bien agitation désordonnée, ou bien
35 courants dirigés (statistiquement ou finalistiquement, peu importe).[10] Ici nous quittons le domaine des dimensions primordiales pour pénétrer dans le domaine des faits observés. Que répondent les faits ?[11]

Dans l'état actuel de la Science, il paraît incontesta-
40 ble que, au moins par effet statistique, des courants, *deux* courants se dessinent expérimentalement dans

unbreakable | out of sight
prevent

network

the organic nature | material, stuff

acquires depth perception | awakened

curve

conform

12 / Analysez les précautions oratoires qu'emploie Teilhard dans ce membre de phrase.

13 / Deux courants animent le monde terrestre : l'un tend à réduire la matière en éléments simples, l'autre, au contraire, tend vers la complexité par la combinaison élaborée des éléments matériels. Cependant, à cette complexité matérielle correspond un phénomène particulier, celui de la conscience.

14 / L'affirmation de Teilhard est-elle plus ou moins forte que dans le paragraphe précédent ? L'auteur nous permet-il de deviner son interprétation personnelle de la théorie de l'évolution ?

15 / Pourquoi cette parenthèse ?

16 / Quel problème se pose à ce moment du développement logique de Teilhard ? Est-ce un nouveau problème ? s'applique-t-il plus particulièrement à l'espèce humaine ? et nous est-il plus difficile ainsi d'y répondre honnêtement ?

17 / Teilhard considère le courant de la Vie comme une courbe analytique qui se projette dans le futur.

18 / Résumez les arguments que l'auteur a employés jusqu'ici.

19 / Il ne faut pas diviser le phénomène de l'évolution en évolution de la matière et en évolution de la vie (*bios*), dit Teilhard. Tout est lié dans cette évolution, matière et vie s'intègrent dans le même ensemble.

20 / L'évolution doit se poursuivre sur le plan humain, mais c'est l'aspect social de la communauté qui doit en assurer la progression. Relevez les mots qui indiquent qu'il s'agit d'une hypothèse et ceux qui soulignent la connaissance assurée. Quel élément nouveau l'auteur introduit-il dans ce paragraphe ?

l'Etoffe cosmique :[12] l'un, évidemment universel, ramenant graduellement la matière, par voie de désintégration, vers une énergie physique élémentaire de radiation ; l'autre, en apparence local, et coïncidant avec une sorte de remous° énergétique, où la matière, en s'arrangeant en édifices formidablement compliqués, prend la forme de corpuscules organisés où une certaine intériorité psychique apparaît et grandit en fonction de° la complication. Dérive° simultanée vers la complexité et la conscience :° tout le phénomène de la Vie.[13]

    Sur l'importance et la valeur relatives de ces deux courants de désagrégation et d'agrégation° dans l'Univers, sur leur complémentarité plus ou moins nécessaire dans la construction cosmique, sur leurs conditions finales d'équilibre, nous pouvons hésiter encore. Mais, quant à leur existence, ils se présentent à nous comme une chose définitivement assurée.[14]

    3. Cherchons maintenant à avancer encore, considérant cette fois, plus particulièrement, le courant de la Vie. Dans son ensemble, disais-je, ce courant, depuis quelque six cent millions d'années que nous pouvons le suivre, n'a pas cessé (c'est sûr)[15] de s'élever globalement dans le sens de complexité-conscience. Mais continue-t-il encore à monter ?[16] et, s'il monte toujours, son allure° est-elle divergente ou convergente ? et, si son allure est convergente, où dirige-t-elle l'axe de sa course ?°[17]

    Ici, et ici seulement,[18] nous entrons dans le domaine encore inconsolidé de l'hypothèse, c'est-à-dire de la pensée scientifique en action. A partir de ce point, ce que je vais dire n'est donc *pas encore* sûr aujourd'hui. Anticipant toutefois sur l'avenir, je me demande si nos certitudes de demain, en ce qui concerne la figure précise et l'avenir de l'évolution biologique (ou même de l'évolution tout court)[19] ne dépendrait pas essentiellement de l'idée qu'une réflexion scientifique activement poussée nous permettra d'établir comme définitive concernant la nature du *phénomène social humain.*[20]

    Autour de nous, l'Humanité présente le spectacle extraordinaire d'un groupe zoologique ubiquiste° dont les rameaux,° au lieu de se séparer (comme il arrivait toujours jusqu'ici chez les espèces animales) se re-

swirl

along with
Drift
consciousness

disintegration and synthesis

movement

where is its axis directed?

omnipresent
branches

21 / Les espèces animales se sont de plus en plus différenciées au cours de l'évolution, mais l'homme, au lieu de se disperser en d'autres espèces, se concentre toujours plus au sein de sa propre espèce.

22 / Teilhard nous propose un organisme nouveau qui, dépassant en complexité celui de l'homme en tant qu'individu, présentera une conscience plus riche, une intellectualité supérieure à tout ce que nous avons connu jusqu'ici.

23 / Dans ce contexte, les *phyla* sont des espèces en voie de transformation.

24 / Grâce au développement de ses machines, grâce à sa capacité d'adaptation dans tous les climats et tous les milieux, à l'interaction des nations et des races entre elles, l'Homme est arrivé à un haut degré de concentration, degré qu'il ne peut qu'augmenter.

25 / Comment Teilhard revient-il à son point de départ ? Qu'a-t-il changé au cours de son raisonnement ?

26 / Le groupe humain en tant que segment animé de notre univers.

27 / La Vie n'a cessé de différencier les espèces, selon les théories de l'évolution, mais à partir de l'homme, c'est une concentration qu'elle propose, concentration de forces, d'organismes complexes, tous convergents, dont l'interaction remplace la diversité.

28 / C'est ce que Teilhard appelle ailleurs le point oméga, c'est-à-dire l'aboutissement de l'évolution terrestre, le point final de l'aventure dont nous sommes tous les acteurs.

ploient° et s'enroulent sur eux-mêmes, avec dévelop-   *fold back on themselves*
pement d'un appareil° mécanique et d'un psychisme de   *apparatus*
dimensions planétaires, — ceci évidemment sous l'effet
d'un type de conscience *réfléchie* déterminant une inter-
5   liaison° intime de tous les éléments à l'intérieur du   *interrelationship*
groupe.[21] Ce fait énorme nous semble encore banal
parce que nous avons pris l'habitude de le regarder
comme « naturel » ou de l'escamoter° en formules   *brush it aside*
juridiques. Replacé par contre dans le courant organique
10 de la Vie, il exige° et *suggère* immédiatement une ex-   *demands*
plication. Conformément à la loi de « complexité-
conscience, » n'assisterions-nous pas, tout au long de
l'histoire humaine, au spectacle d'une ultra-synthèse
visant° à grouper, en quelque super-organisme[22] de type   *aiming*
15 absolument nouveau, non plus des atomes, des molé-
cules, des cellules, — mais des individus, et même des
phyla°[23] tout entiers ? Autrement dit, l'Humanité, en   *species*
voie de collectivisation autour de nous, ne représen-
terait-elle pas, du point de vue scientifique, l'apparition
20 dans l'Univers de quelque super-complexe ?[24]

Une telle perspective peut paraître fantastique.
Reste que, étant parfaitement logique, elle est en train
de s'imposer à un nombre croissant de solides esprits, —
avec cette conséquence de faire apparaître une réponse
25 possible aux questions mêmes qui demeuraient pen-
dantes° touchant la nature exacte de l'évolution.[25]   *unanswered "hanging"*

De ce point de vue, en effet :
a) il s'avère° d'abord que la fraction vitalisée du   *is established*
monde à laquelle nous appartenons[26] n'a pas encore
30 cessé aujourd'hui de s'élever dans la direction des hauts
complexes.
b) il appert° ensuite que le système en apparence   *is evident*
divergent des rayons tracés par la Vie au cours de son
ascension est entré, à partir de l'Homme, dans une
35 région où il devient convergent.[27]
c) il apparaît inévitable, enfin, que pour imaginer
un terme à cette convergence, nous envisagions quelque
part en avant, l'émergence de *quelque sommet*,°[28] cor-   *summit, high point*
respondant à une sorte de réflexion générale sur eux-
40 mêmes des éléments réfléchis de la Terre, — la formation de ce sommet coïncidant du reste avec un maximum

29 / L'humanité, suivant en cela l'impulsion cosmique, veut toujours aller plus avant. Il n'y a pas de régression possible.

30 / Le troisième point du raisonnement (c) vous paraît-il découler logiquement des deux premiers ? Pourquoi ?

31 / Dans son raisonnement, Teilhard utilise les cadres de la rhétorique traditionnelle : développement en trois points, progression logique rigoureuse. Ce cadre logique vous paraît-il arbitraire ? Aide-t-il ou gêne-t-il l'auteur dans l'expression de sa pensée ? Comment ?

Quels procédés Teilhard a-t-il employés pour amener le lecteur à accepter son raisonnement ? Ce raisonnement vous paraît-il objectif, logique ? ou la formation et les idées religieuses de l'auteur le colorent-elles ?

Relevez dans le texte tous les mots qui appartiennent au vocabulaire scientifique. Que nous apprennent-ils 1) sur la formation intellectuelle de l'auteur, 2) sur sa façon d'envisager un problème philosophique dont les conclusions atteignent le plan métaphysique ?

Avez-vous l'impression que Teilhard s'intéresse surtout à l'évolution ou qu'il songe avant tout au rôle de l'homme dans l'univers ?

de l'exigence d'irréversibilité[29] qui grossit° d'âge en âge, au fond du cœur humain.[30]

grows

Ce qui signifierait, au bout du compte, que, malgré ses caractères de fragilité et d'improbabilité, c'est la complexité (ou tout au moins c'est la conscience, dont la complexité s'accompagne) qui est destinée, dans l'Univers, à triompher finalement sur la simplicité.

Ici, je le répète, nous quittons le certain, mais avec la satisfaction de nous trouver enfin en face du crucial, dans le problème de l'évolution.[31]

A 4
B 5
C 6
D 7
E 8
F 9
G 0
H 1
I 2
J 3